Koller, Riedl, Scholler

Ernährung bei Gastritis

Flora Koller, Daniela Riedl, Roswitha Scholler

Ernährung bei Gastritis

maudrich

Eine geschlechtergerechte Schreibweise wird in diesem Buch vorwiegend durch die Schreibung mit Doppelpunkt realisiert. Ist dies in Einzelfällen nicht möglich oder würde es den Lesefluss hemmen, steht die genannte Form stellvertretend für alle Geschlechter.

TREE ONE FOR TITLE
Mit der Erscheinung dieses Buches haben wir **zusammen mit der Druckerei FINIDR** einen neuen Baum gepflanzt.

FSC www.fsc.org MIX Papier | Fördert gute Waldnutzung FSC® C014138

Bibliografische Information der Deutschen Nationalbibliothek
Die Deutsche Nationalbibliothek verzeichnet diese Publikation in der Deutschen Nationalbibliografie; detaillierte bibliografische Daten sind im Internet über http://dnb.dnb.de abrufbar.

Bildnachweis:
Victoria Posch und Esther Karner: S. 64, 66, 72, 82, 92, 100, 106, 108, 114
AdobeStock: S. 8, 9, 11, 12, 13, 15, 17, 26, 28, 33, 34, 35, 36, 41, 44, 45, 47, 54, 56, 76, 88
Istockphoto: S. 6, 22, 25, 50, 60
Fotolia: S. 21, 24, 27, 31
OEGK: S. 32

Lektorat: Laura Hödl, Wien
Satz: Florian Spielauer, Wien
Umschlagbild: Victoria Posch und Esther Karner, Wien
Covergestaltung: Facultas nach einem Entwurf von Jose Coll, studiob.a.c.k.
Druck: finidr
Printed in the EU
ISBN 978-3-99002-155-2
E-ISBN 978-3-99111-641-7

INHALTSVERZEICHNIS

VORWORT

Liebe Leserin, lieber Leser!

Eine Gastritis hat viele Gesichter. Die Bandbreite geht von einer kurzen, akuten, heftigen Entzündung über bakterielle Infektionen ohne großer Symptomatik bis hin zur Geschwürbildung.

Der Magen hat ja auch in aller Regel viel zu tun, ist er doch dafür zuständig, die Nahrung zu zerkleinern, vorzuverdauen, auf Körpertemperatur zu bringen und obendrein noch Keime abzutöten. Ein gesunder Magen ist mit einer intakten Schleimhaut ausgekleidet, die ihn vor der aggressiven Magensäure schützt. Wenn unsere Schleimhaut dünn oder gar durchlässig geworden ist, kommt es zu Symptomen. Bei über 20 % der erwachsenen Bevölkerung wurde nach eigenen Angaben schon einmal eine Gastritis oder Duodenitis ärztlich diagnostiziert (Robert-Koch-Institut, GEDA 2009). Frauen, vor allem in jüngeren Jahren, sind dabei deutlich stärker betroffen als Männer.

In der akuten Phase ist es dann ratsam, beim Essen einen Gang zurückzuschalten, wobei der Befund Gastritis nicht automatisch für Sie bedeuten soll, sich einer lebenslangen Diät zu unterziehen. Strenge Ausschlussdiäten sollten vermieden werden – sie können schnell zu einer Mangelernährung führen, die kontraproduktiv ist. Verschiedene Nährstoffe wie Eiweiß, Vitamine und Spurenelemente werden benötigt, damit die Schleimschicht des Magens gut erhalten bleibt. Wichtig ist auch, immer auf das eigene Bauchgefühl zu hören, denn Sie sind schließlich Ihre eigene Expertin, Ihr eigener Experte.

Dieses Buch soll Ihnen einen guten Überblick und Leitfaden durch Ihre Beschwerden für eine baldige Besserung liefern. Und was tun, wenn man eingeladen ist oder im Restaurant essen möchte? Uns war es wichtig, Altbewährtes mit aktuellen Empfehlungen und Richtlinien abzugleichen, um Ihnen gelungene Rezepte und Tipps für die Symptomfreiheit im Alltag bieten zu können.

Viel Erfolg beim Ausprobieren!

Wien, im März 2023 — Die Autorinnen

DER GESUNDE UND DER KRANKE MAGEN

Was geschieht im Magen?

Unser Magen, auch Ventriculus oder Gaster genannt, liegt im linken Oberbauch direkt unter dem Zwerchfell und umfasst ein Volumen von etwa 1,2 bis 1,6 Liter. Seine Aufgabe ist die chemische Zerkleinerung und Verflüssigung der Nahrung mit Hilfe des Magensaftes. Dafür wird der Speisebrei so lange hin- und herbewegt, bis er nach etwa ein bis fünf Stunden portionsweise an den Dünndarm abgegeben werden kann. Drei Muskelschichten sorgen für **wellenförmige Bewegungen (Peristaltik)**, die für die Durchmischung und den Transport des Speisebreis nötig sind. Manchmal hört man dies sogar von außen durch Glucksgeräusche.

Der Magen besteht anatomisch aus drei Teilen:

- dem **Magengrund** (Fundus) mit seiner Sammel- bzw. Reservoirfunktion,
- den **Corpus-** bzw. Körper-Abschnitten
- und den **Antrum-** und Pförtner-Abschnitten

Abbildung 1: Aufbau des Magens

Makroskopischer Aufbau des Magens

❶ Mageneingang (Übergang zwischen Speiseröhre und Magen)

❷ **Magenfundus** (hier sammelt sich in der Regel die mit der Nahrungsaufnahme verschluckte Luft)

❸ Magenkörper **(Corpus)**, der größte Teil des Magens

❹ **Antrum** (Erweiterung kurz vor dem Magenausgang)

❺ Magenausgang (Übergang zum ersten Abschnitt des Darmes)

❻ In Falten gelegte Schleimhaut (unterstützt eine effiziente Verdauung)

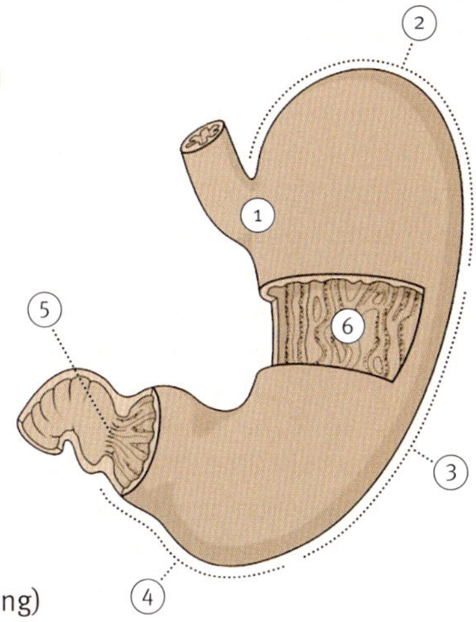

Die Schleimhaut des Magens ist besonders dick. Sie bedeckt die gesamte Magenoberfläche und enthält viele Drüsen. Dieses System aus **Haupt-, Beleg- und Nebenzellen** stellt täglich zwei bis drei Liter Salzsäure, Schleimstoffe, Pepsinogen und Bikarbonat her, die zusammen den Magensaft bilden (siehe Tabelle 1). Dieser ist stark sauer und bewegt sich im Bereich von pH-Wert 1,5 bis 2.

Tabelle 1: Zellen und Produkte der Magenschleimhaut

Zellarten	Produktion von	Funktion
Hauptzellen	Pepsinogen	Vorstufe des Enzyms Pepsin zur Eiweißverdauung
Belegzellen	Salzsäure (HCl); Intrinsic Factor	Aufspaltung und Desinfektion der Nahrung; ermöglicht die Aufnahme von Vitamin B12
Nebenzellen	Schleimstoffen (Muzine)	Schutz vor Selbstverdauung durch Salzsäure
Oberflächliche Schleimhautzellen	Bikarbonat	Puffer für den Säure-Basen-Haushalt
Stammzellen		dienen der Zellerneuerung

Bereits vor der Nahrungsaufnahme, wenn wir unsere Mahlzeiten lediglich riechen oder sehen, wird die Produktion von Magensaft durch das Gehirn angeregt. Gelangt dann Essen in den Magen, wird diese Sekretion durch die mechanische Dehnung der Magenwand sowie Gewebshormone (Gastrin, Acetylcholin und Histamin) noch weiter angekurbelt. Durch den Verzehr bestimmter Lebensmittel wie Alkohol, Kaffee, eiweißreiche Speisen, ätherische Öle, Röst- und Bitterstoffe wird zudem mehr Säure ausgeschüttet. Dann findet die chemische Zerkleinerung, die Verarbeitung von Vitaminen und Mineralstoffen sowie das Abtöten von Krankheitserregern statt. Dazu wird von Belegzellen Salzsäure sowie von den Hauptzellen das Enzym Pepsin gebildet, das die über die Nahrung aufgenommenen Eiweiße in verdauliche Stücke spaltet. Ferner wird der Intrinsic Factor, ein Transportfaktor für das Vitamin B12, hergestellt. Damit der Magen sich durch die Säure nicht selbst verdaut, bilden Nebenzellen Schleimstoffe, die die Schleimhaut überziehen und schützen.

Nach und nach wird durch unterschiedliche Druckverhältnisse zwischen Magen und Dünndarm der Speisebrei weitergegeben. Dadurch sinkt der pH-Wert im Dünndarm und lässt andere Gewebshormone (v. a. Sekretin) signalisieren, dass die Bildung von Magensaft wieder zurückgefahren wird. Auch Speisen mit hohem Fettgehalt oder einer hohen Teilchenkonzentration (z. B. stark gezuckerte Nahrungsmittel) hemmen die Magensäuresekretion. Ziel des Körpers ist es, dass der Magen im leeren Zustand keine Säure produziert. Dies würde schlussendlich zu seiner eigenen Schädigung und Selbstverdauung führen. Im Nüchternzustand wird daher nur wenig neutrales bis leicht basisches Sekret von der Magenschleimhaut abgegeben.

Auch **Emotionen** haben Einfluss auf die Magensaftsekretion. Aggressionen, Ärger, Stress und Wut führen zu einem Anstieg der Magensaftsekretion („sauer werden"). Schmerzen, Angst und Trauer können dagegen die Sekretion hemmen („auf den Magen schlagen").

Wie der Name Magensäure vermuten lässt, ist diese für ein saures Milieu im Magen wichtig. Die gesamte Vorverdauung im Magen sowie auch das eiweißabbauende Enzym Pepsin funktionieren nur im niedrigen pH-Bereich. Dementsprechend kann die **Eiweißverdauung** bei geringer Magensäuresekretion gestört sein. Dies kann sich wegen der verschlechterten Abspaltung proteingebundener Mineralien und Vitamine auch auf die Aufnahme von Calcium, Eisen und Vitamin B12 auswirken (siehe Kapitel „Essenzielle Mikronährstoffe", S. 44). Die nicht vollständig aufgespaltenen Proteine gelangen in untere Darmabschnitte, wo sie eigentlich nicht hingehören. Dadurch entgehen dem Körper nicht nur für den Zellaufbau wichtige Struktur- oder Funktionsproteine, auch das Wachstum von Fäulniskeimen (v. a. Clostridien) im Darm wird gefördert.

Nach **Magenoperationen** kann es zu einer beschleunigten Magenentleerung kommen. Dann ist es wichtig, die Nahrung über den Tag verteilt in vielen kleinen Portionen einzunehmen. Ferner können Erkrankungen mit Nerven-, Muskel- oder Bindegewebsschädigung zu einer verzögerten Magenentleerung führen. Der häufigste Fall ist die Gastroparese (Magenlähmung) bei langjährigem Diabetes mellitus. Auch hier ist es wichtig, die Ernährung anzupassen.

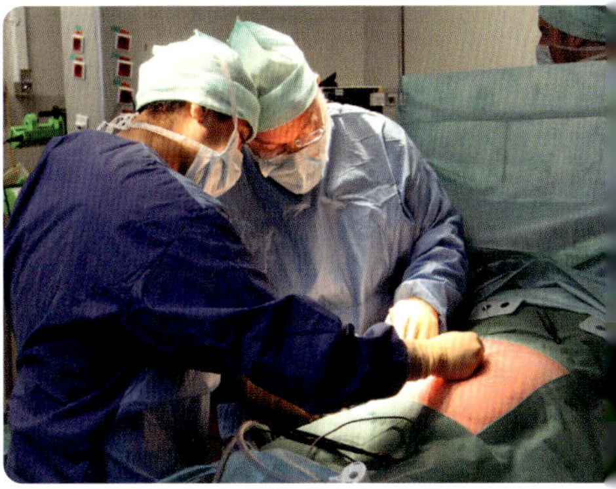

Wie lässt sich der Magen untersuchen?

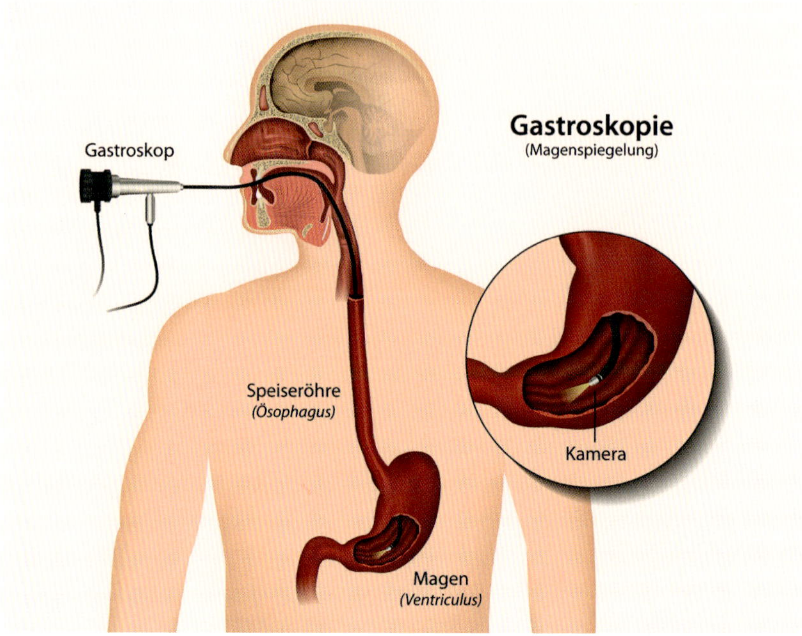

Von außen ist keine genaue Befundung von Magenbeschwerden möglich. Lediglich bei der akuten Gastritis kann beim Abtasten ein Druckschmerz in der Magengrube auftreten. Als Standardmethode zur Diagnostik des oberen Magen-Darm-Traktes hat sich die **Gastroskopie (Magenspiegelung)** etabliert. Sie umfasst die Untersuchung von Speiseröhre, Magen und Zwölffingerdarm in einem Durchgang. Hiermit können der obere Verdauungstrakt mitsamt seinen Schleimhäuten als Ganzes betrachtet sowie Entzündungen, Gewebeveränderungen, Geschwüre, Tumore, aber auch Passagebehinderungen genau diagnostiziert werden. Die Durchführung ist sowohl ambulant als auch stationär möglich, dauert in der Regel nur etwa 15 bis 30 Minuten und findet unter Sedierung („Dämmerschlaf") statt. Im Vorfeld darf mindestens zwölf Stunden nichts gegessen werden. Bei Untersuchungsbeginn wird zunächst ein biegsamer Schlauch – das Endoskop – zügig durch den Mund über den Rachen, die Speiseröhre und den Magen bis etwa in die Mitte des Zwölffingerdarms vorgeschoben. Beim anschließenden Zurückziehen des Geräts erfolgt die genaue Betrachtung und Probeentnahme auffälliger Schleimhautareale (Biopsie) zur anschließenden feingeweblichen (histologischen) Untersuchung.

Die Korrelation zwischen histologischen Veränderungen und Symptomen der Betroffenen ist nicht immer gegeben, das heißt die Stärke der Beschwerden ist nicht unbedingt aussagekräftig für die Schwere der Erkrankung. Ebenso muss einem auffälligen Gastroskopie-Befund nicht immer eine histologische Veränderung zugrunde liegen.

Der herkömmliche Ultraschall oder Röntgenuntersuchungen spielen bei der Diagnostik des Magens eine geringe Rolle. Sinnvoll kann jedoch eine spezielle, von innen durchgeführte Ultraschalluntersuchung, die **Endosonografie**, sein. Dabei können Organwände mit Gefäßen und Lymphknoten sowie eventuelle Veränderungen und Entartungen beobachtet werden. Bei Verdacht auf eine Tumorerkrankung im Bereich des Magens können auch **Computertomographie (CT)** oder **Magnetresonanztomografie (MRT)** zum Einsatz kommen.

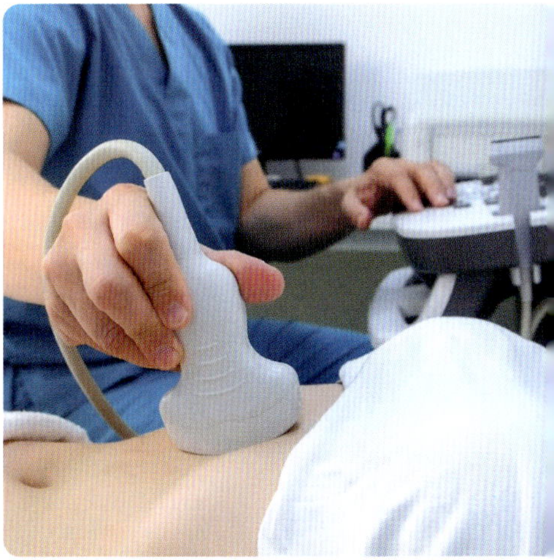

Gastritis – was ist das?

Als Gastritis wird eine **entzündliche Reaktion der Magenschleimhaut** verstanden. Diese kann aus vielen verschiedenen Ursachen entstehen. Je nach Dauer unterscheidet man akute oder chronische Verlaufsformen. Genauso unterschiedlich sind die damit einhergehenden körperlichen Beschwerden, es gibt also kein typisches Symptombild für die Gastritis.

Eine entzündliche Veränderung der Magenschleimhaut kann nach mehreren Gesichtspunkten eingeteilt werden. Daher existieren in der Medizin mehrere Klassifizierungen mit zum Teil uneinheitlicher Anwendung.

Eine sehr beliebte, weil einfache Einteilung ist die **ABC-Klassifizierung**:

- Typ A: Autoimmungastritis, diffus atrophe Gastritis
- Typ B: Helicobacter pylori assoziierte Gastritis
- Typ C: chemisch-induzierte reaktive Gastritis

Etwas genauer ist die **Einteilung nach Ursachen (Ätiologie):**

***H. pylori*-positive Gastritis**	
Gastritisformen ohne Bezug zur *H. pylori*-Infektion	Chemisch induzierte/reaktive Gastritis Granulomatöse Gastritis Crohn-Gastritis Eosinophile Gastritis Kollagen-Gastritis
Gastritisformen mit möglichem Bezug zu *H. pylori*	Autoimmun-Gastritis Riesenfaltengastritis Lymphozytäre Gastritis
Seltene spezielle Gastritisformen	

Die genaueste, aber gleichzeitig auch komplizierteste Systematik ist die sogenannte **Sydney-Klassifikation**, die ein umfassendes Schema darstellt, um verschiedene Formen der Gastritis voneinander zu unterscheiden.

Dabei wird anhand der betroffenen Region unterschieden:

- Pangastritis (ganzer Magen betroffen)
- Korpusgastritis (Magenkörper betroffen)
- Antrumgastritis (Magenausgang betroffen)

Gemäß der Erscheinungsform in der Endoskopie kann unterteilt werden in:

- Erythematöse/exsudative Gastritis
- Gastritis mit flachen Erosionen
- Gastritis mit polypoiden Erosionen
- Atrophische Gastritis
- Hämorrhagische Gastritis
- Refluxgastritis
- Riesenfaltengastritis

Die Einteilung (Grading) erfolgt in:

- Histologische Entzündungsaktivität: akut, chronisch oder chronisch-aktiv
- Schweregrad: normal, gering-, mittel- oder hochgradig
- Vorhandensein und Dichte der H. pylori-Besiedelung
- Angaben zu Atrophie und intestinaler Metaplasie sollten, falls vorhanden, getroffen werden

Sinn der Einteilungen ist die Zuordnung typischer Eigenschaften, das Erkennen unterschiedlicher Schädigungsmechanismen, die Verfolgung zielgerichteter Behandlungsansätze sowie die Risikoeinschätzung für Folgeerkrankungen (z. B. Magengeschwüre oder Magenkrebs).

Gastritis – warum, wie, wie lange und was dagegen tun?

Mögliche Ursachen einer **akuten Gastritis** können unter anderem

- bakterielle oder virale Infektionen durch Kontamination von Lebensmitteln oder Trinkwasser,
- übermäßiger Genuss von Alkohol und Nikotin,
- starker physischer oder psychischer Stress,
- Verätzungen mit Laugen oder Säuren und auch
- Medikamente (längere Einnahme von nichtsteroidalen Antirheumatika [NSAR], Antikoagulantien/Thrombozytenaggregationshemmern, Kortikosteroiden, selektiven Serotonin-Wiederaufnahme-Hemmern [SSRI] oder Zytostatika)

sein.

Im Normalfall tritt sie rasch auf und klingt nach Eliminierung der auslösenden Ursache meist wieder ab.

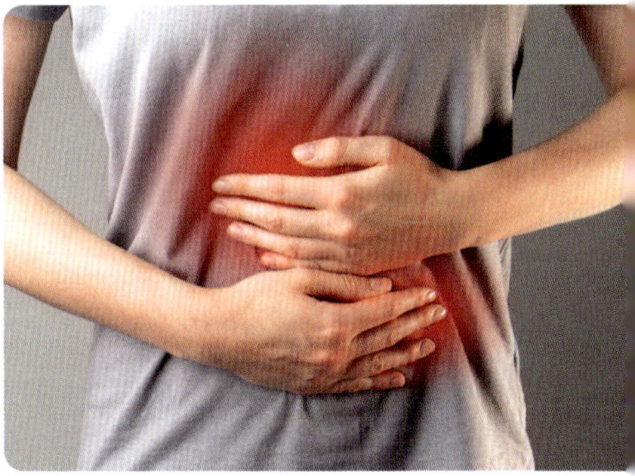

Eine akute Gastritis macht sich durch **starke Schmerzen und Druckgefühl in der Magengegend** bis in den Rücken ausstrahlend sowie durch Übelkeit, Erbrechen, Völlegefühl und Appetitlosigkeit bemerkbar. Im Rahmen der akuten Schleimhautverletzung können Blutungen auftreten, die sich durch Teerstuhl oder Blut im Erbrochenen äußern. Die Schmerzen treten nach dem Essen oder unabhängig von der Nahrungsaufnahme auf. Diese Beschwerden können aber auch bei anderen Oberbaucherkrankungen vorkommen. Die Prognose der Gastritis ist abhängig von ihrer Ursache. Die akute, komplikationslose Gastritis heilt in der Regel bei entsprechender Therapie folgenlos und selbstlimitierend ab. Selten kann es zu starken Blutungen kommen.

Eine **chronische Gastritis** kann über einen langen Zeitraum anhalten und, wenn nicht behandelt, jahrelang oder sogar lebenslang bestehen bleiben. Sie verläuft oft ohne große Symptome oder macht nur durch unspezifische Oberbauchbeschwerden, Aufstoßen, Blähungen sowie Völlegefühl nach den Mahlzeiten auf sich aufmerksam. Insgesamt ist das Beschwerdebild individuell sehr variabel, weshalb sie in vielen Fällen längere Zeit unbemerkt bleibt. Von einer chronischen Gastritis sollte nur gesprochen werden, wenn die Diagnose durch einen entsprechenden histologischen Befund der Magenschleimhaut gesichert ist. Es kommen verschiedene Komplikationen vor, die je nach Form unterschiedlich sind:

- Der **Typ-A-Gastritis,** auch atrophischen Gastritis, liegt ein **autoimmunes Geschehen** zu Grunde. Es erfolgt die Bildung von unter anderem gegen Magenschleimhautgewebe gerichteten Antikörpern. Durch den Untergang von Belegzellen kommt es zu einer sogenannten perniziösen Anämie. Diese erfordert lebenslange Laborkontrollen des Vitamin-B12-Spiegels mit einer entsprechenden Substitution (siehe dazu Kapitel „Essenzielle Mikronährstoffe“, S. 44).

  In weiterer Folge geht im Magenkorpus das Schleimhautgewebe zurück, man sprich von einer **Atrophie**. Je mehr und verbreiteter sich die Magenschleimhaut zurückgebildet hat, umso wahrscheinlicher ist es, dass diese Veränderungen nicht (vollständig) rückgängig zu machen sind. Das Risiko für die Entstehung eines Magenkarzinoms ist dann erhöht. Daher sind regelmäßige endoskopische Kontrollen unerlässlich!

  Da fünf Prozent der Betroffenen mit Typ-B-Gastritis in weiterer Folge eine Typ-A-Gastritis aufweisen, ist es jedenfalls wichtig, auf Helicobacter zu untersuchen. Falls dieser Nachweis positiv ausfällt, kann eine im Anschluss durchgeführte erfolgreiche Eradikation (komplette Auslöschung des Krankheitskeims) auch hier zur gänzlichen Ausheilung der Entzündung führen.

- Die **Typ-B-Gastritis** ist mit Abstand die häufigste Form. Sie wird durch eine **Infektion mit Helicobacter-pylori-Bakterien** ausgelöst und ist in der Regel medikamentös heilbar. Die Übertragung von H. pylori erfolgt prinzipiell von Mensch zu Mensch. Der genaue Infektionsweg ist jedoch unklar. Eine vermehrte Säuresekretion und Zellveränderungen können eine Übersiedelung von H. pylori aus dem Magen in den Zwölffingerdarm ermöglichen und dort zu einer mit der Gastritis vergleichbaren Entzündung der Schleimhaut führen (Duodenitis). Häufig wird die chronische Form erst mit Blutungen bei einem Magen- oder

Darmgeschwür (Ulcus ventriculi/Ulcus duodeni) symptomatisch. In der Folge kann es dadurch zu einer Eisenmangelanämie kommen. Bei ungenügender Behandlung ist das Risiko für die Entwicklung von Magenkrebs oder intestinalen Lymphomen erhöht.

Helicobacter pylori

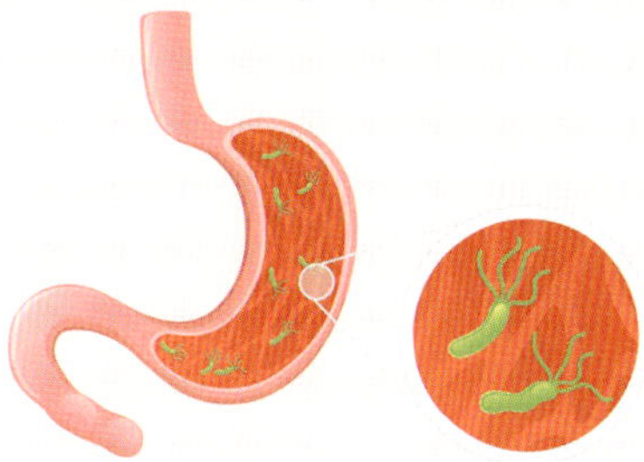

Bei der Typ-B-Gastritis steht die H. pylori-Eradikationstherapie im Mittelpunkt und sollte jedenfalls bei Betroffenen mit Ulcera oder Lymphomen erfolgen. Des Weiteren kann eine Eliminierung des Keims bei Reizmagen, asymptomatischer H. Pylori-Gastritis, Vorliegen einer Riesenfaltengastritis (Morbus Ménétrier), lymphozytärer Gastritis oder persistierender Eisenmangelanämie angedacht werden.

Die Therapie wird mittels Protonenpumpenhemmern (PPI), welche die Magensäurebildung unterdrücken, in doppelter Standarddosierung sowie zwei unterschiedlicher Antibiotika-Präparate bzw. zwei Antibiotika und zusätzlichem Bismut-Kalium-Salz je nach individueller Ausgangslage über sieben bis 14 Tage durchgeführt. Eine Erfolgskontrolle mit erneuter Diagnostik ist nach vier bis sechs Wochen vorgesehen.

→ Die **Typ-C-Gastritis** ist **chemisch-toxisch verursacht** und kommt in der Regel nach Beseitigung der Ursache zur Ausheilung. Es kann zum Auftreten von Magenblutungen und Geschwüren oder dem Bild einer mikrozytären Anämie kommen (Eisen-, Vitamin B12- und Folsäure-Mangel).

In erster Linie ist es wichtig, die schädigenden Einflüsse zu reduzieren (Medikamente, Genussmittel, Schadstoffe). Zeitgleich wird auch bei dieser Gastritisform eine Therapie mit Protonenpumpenhemmern (PPI) begonnen, im Falle von Erosionen oder Ulzera für kurze Zeit auch hochdosiert. Anschließend kommt es stufenweise zu einer Reduktion der PPIs. Sucralfat wird bei Betroffenen mit weiteren Beschwerden wie Dyspepsie[1], verringerter Magenbewegung oder Gallenreflux nach Operationen zusätzlich eingesetzt. Ob Prokinetika (Medikamente zur Förderung der Peristaltik) vorteilhaft sind, kann von ärztlicher Seite entschieden werden.

1 Dyspepsie ist ein Symptomkomplex unterschiedlicher Ursache, der Oberbauchbeschwerden wie Übelkeit, Erbrechen, Völlegefühl, Aufstoßen, Sodbrennen, Krämpfe, Blähungen und vorzeitiges Sättigungsgefühl umfasst.

Medikamente sind bei Gastritis wichtig und notwendig, um Folgeerkrankungen wie z. B. Geschwüre zu verhindern. Im Wesentlichen werden Arzneimittel zur Neutralisierung von Magensäure („Antazida") oder solche zur Unterdrückung der Magensäurebildung („Protonenpumpenhemmer" [PPI] oder „Säureblocker") eingesetzt. Werden diese dauerhaft eingenommen, kann es zu Nebenwirkungen kommen (siehe Kapitel „Was geschieht im Magen", S. 9). Daher ist langfristig die Umstellung des Lebensstils mit entsprechender Ernährung, Verzicht auf Genussmitteln sowie Stressreduktion unerlässlich. Der Einsatz von Heilkräutern kann zusätzlich sehr hilfreich sein.

Der **Entstehung eines Geschwürs** in Magen oder Darm liegt eine entzündliche Gewebsschädigung wie bei einer Gastritis zugrunde, allerdings führt nicht jede Magenentzündung zwangsläufig zu einem Ulkus. Als Vorstufe entsteht zunächst die erosive Gastritis mit nur oberflächlichem Schleimhautdefekt. Auch hier kann es zu Blutungen kommen (hämorrhagische Gastritis). Bei einem Ulkus dringen die Beschädigungen hingegen bis in das Schleimhautuntergewebe ein. Ursächlich für die Entstehung sind meist eine Besiedlung mit H. pylori, Nebenwirkungen von speziellen Medikamenten (insbesondere Schmerzmittel) oder die Kombination aus beidem. Beim Magengeschwür treten Schmerzen eher nach der Nahrungsaufnahme auf, im mittleren bis linken Oberbauch. Starker Nüchternschmerz, der sich nach dem Essen bessert, kann auch auf ein Geschwür im Zwölffingerdarm hindeuten. Bei Korpus- oder Antrumgastritis ist die Entstehung eines Magengeschwürs häufiger, Entzündungen des Antrums begünstigen hingegen eher Duodenalgeschwüre.

Erkrankungen wie Gastritis oder Duodenalulkus gehen mit einer **erhöhten Magensäuresekretion** einher. Wesentlich häufiger als eine erhöhte Säuresekretion findet sich eine **verminderte Magensäuresekretion** bis zur Achlorhydrie (Fehlen der Magensäure im Magensaft). Wichtigste Ursache ist die atrophische Gastritis, entweder infolge einer Autoimmungastritis oder einer Infektion mit Helicobacter pylori, sowie die dauerhafte Einnahme von Protonenpumpenhemmern.

ERNÄHRUNGSEMPFEHLUNGEN BEI GASTRITIS

Der Befund „Gastritis“ bedeutet für Sie nicht automatisch, dass Sie sich nun einer lebenslangen Diät unterziehen müssen. Es kann für Sie aber dennoch hilfreich sein zu wissen, dass es für Ihre Beschwerden gezielte Maßnahmen gibt, die erfahrungsgemäß Linderung bringen können. Hören Sie dabei jedoch immer auf Ihr individuelles „Bauchgefühl“ – Sie sind Expert:in für Ihren Körper. Das Ziel sollte sein, dass Sie mit so wenigen Lebensmittel-Einschränkungen wie möglich eine gute Symptomverbesserung erreichen. Von einem länger bestehenden, nicht sinnhaften und generellen Weglassen gesundheitsfördernder Lebensmittel ist in jedem Fall abzuraten. Nur so kann Ihr Körper dauerhaft mit allen Nährstoffen versorgt werden, die er braucht.

Der Kostaufbau gliedert sich in vier Phasen, die je nach Symptomatik auch übersprungen werden können oder in die wieder zurückgekehrt werden kann:

- Phase 1: bei akuten Beschwerden und Schmerzen
- Phase 2: bei abklingender Symptomatik
- Phase 3: Stabilisierungsphase
- Phase 4: die Dauerernährung

Des Weiteren haben wir für Sie auch allgemeine Empfehlungen für die magenschonende Ernährung zusammengestellt, diese finden Sie ab S. 37.

Phase 1 – die Akutphase: bei Beschwerden bzw. Schmerzen

Wegen starker Schmerzen erfolgt hier meist eine selbstauferlegte Nahrungskarenz für einige Tage. Tees wie Kamille, Käsepappel oder Pfefferminze können auf Ihren Magen-Darm-Trakt wohltuend wirken (weitere Empfehlungen für Tee-Zubereitungen finden Sie im Kapitel „Heilpflanzen“, S. 42).

Die erste Phase stellt für Ihren Magen eine Erholungsphase dar. Muten Sie ihm nur das zu, was er Ihrer Meinung nach auch verarbeiten kann. Milde Getreide- oder Gemüsesuppen sowie Zwieback für wenige Tage sind nun empfehlenswert.

Phase 2 – Übergang zur angepassten Vollkost: abklingende Beschwerden

Diese Phase sollte für maximal 1–2 Tage eingehalten werden, da sie weder ernährungsphysiologisch noch energiemäßig ausgewogen ist. Den größten Anteil haben leicht verdauliche Kohlenhydrate und magere Eiweißkomponenten. Letztere helfen Ihrem Körper, die Muskelmasse zu erhalten.

Getreideprodukte, Kartoffelprodukte und Zucker
Weißbrot, Knäckebrot, Zwieback, Anisschnitten, Biskotten, Marmelade oder Honig, Kartoffelpüree und mit Stärke gebundene Soßen sind in dieser Lebensmittelgruppe gut verträglich.

Milch und Milchprodukte, Fleisch, Fisch und pflanzliche Alternativen
Magere Milchprodukte wie fettarme Milch und Joghurt mit 1,5 % Fett, auch pflanzliche Alternativen wie ungezuckerte Pflanzendrinks und pflanzliche Joghurtalternativen, Magertopfen/-quark und Magerkäse (max. 25–30 % Fett i. Tr.) sowie faserarmes Fleisch von Huhn, Pute, Kalb oder Fisch, auch Tofu „natur" eignen sich gut als Eiweißquelle.

Obst und Gemüse sollten ausschließlich in gekochter Form verzehrt werden, um den Verdauungstrakt zu schonen.

Fette und Öle
Weder Streichfette noch Fette zur Speisenherstellung sind in dieser Phase in größeren Mengen geeignet.

Phase 3 – die angepasste Vollkost zur Zustandsstabilisierung

Die angepasste Vollkost ist eine vollwertige Ernährung. Sie stellt eine ausreichende Versorgung mit Nährstoffen sicher und deckt den Bedarf an Energie. Der Unterschied zur Dauerernährung ist, dass dabei individuell unverträgliche Lebensmittel gemieden werden, welche Beschwerden auslösen können. Dadurch werden die Verdauungsorgane entlastet und Magen-Darm-Problemen, die nach dem Verzehr dieser Lebensmittel und Speisen auftreten können, vorgebeugt.

PRAKTISCHER TIPP: Führen Sie ein Ernährungs- und Symptomtagebuch, um herauszufinden, welche Speisen für Sie individuell gut verträglich sind. Sie finden ein Beispiel im Kapitel „Allgemeine Empfehlungen für die magenschonende Ernährung", S. 37.

Die Bekömmlichkeit verschiedener Lebensmittel und Speisen ist von Person zu Person sehr unterschiedlich und hängt von vielen Faktoren ab. Stark fettreiche Lebensmittel bzw. Speisen verweilen zum Beispiel länger im Magen-Darm-Trakt und benötigen längere Zeit zur Verdauung, wodurch Beschwerden wie Magendruck oder Völlegefühl auftreten können. Im Gegenzug dazu haben flüssige Speisen wie Suppen und Breie eine kürzere Verweildauer und sind daher oftmals bekömmlicher. Einen nicht zu unterschätzenden Einflussfaktor stellen psychische Faktoren wie Stress und Emotionen dar. Die Bekömmlichkeit von Lebensmitteln kann sich im Laufe des Lebens auch ändern, daher ist es ratsam, auszuprobieren, was verträglich ist und was nicht.

Gemüse und Salate

	Gut verträglich	Könnte zu Beschwerden führen
Wurzel- und Knollengemüse	Karotten, Knollensellerie, Rote Rüben/Bete, Petersilienwurzel	Rettich; zu Beginn: Radieschen
Blattgemüse	Spinat, Mangold, Blattsalate wie Kopfsalat und Feldsalat	
Kohlgemüse		Weißkohl, Rotkohl, Grünkohl, Rosenkohl, Sauerkraut
Stängelgemüse	Kohlrabi, Spargel, Staudensellerie	Zu Beginn: Rhabarber
Blütengemüse	Artischocken, Brokkoli, Karfiol, Romanesco	
Fruchtgemüse	Tomaten, Zucchini, Auberginen, Gurke in gegarter Form, Zuckerschoten, Prinzessbohnen, Kürbis	Paprika, Gurke in roher Form, Zuckermais, Mixed Pickles; zu Beginn: Essiggurken, Erbsen
Zwiebelgemüse		Zwiebeln, Schalotten, Lauch/Porree, Knoblauch
Hülsenfrüchte	Keimlinge	Erbsen, Linsen, alle Arten von Bohnenkernen, Kichererbsen, Sojabohnen
Pilze	Champignons und später andere Speisepilze in kleinen Mengen	Große Mengen Speisepilze

Die Grundsäule einer magenschonenden Kost ist Gemüse, da der Verzehr Ihrer Verdauung immer eine gute Mischung aus vorrangig löslichen Ballaststoffen und je nach Herkunft, Reifezustand und Sorte auch einen Anteil an unlöslichen Ballaststoffen liefert. Die angepasste Vollkost nimmt auf die individuelle Bekömmlichkeit bei der Auswahl innerhalb der Lebensmittelgruppen Rücksicht.

TIPP: Wird beispielsweise Kohlgemüse wie z. B. Sauerkraut nicht vertragen, kann auf andere Gemüsesorten oder -arten wie z. B. Brokkoli oder Karotten ausgewichen werden, ohne dass der Orientierungswert für die tägliche Gemüsemenge von drei Portionen pro Tag verändert wird.

Gemüse können Sie in Form von Suppen oder Eintopfgerichten genießen. Für die Verträglichkeit ist vor allem der Fettgehalt und die Art der verwendeten Gemüsesorten ausschlaggebend. Besonders gut verträglich sind z. B. Karotten, Fenchel, junger Kohlrabi, Brokkoli- und Karfiolröschen, Tomaten, Zucchini und grüner Salat. Auch die passenden Fett- und Proteinbeilagen können die Verdauung unterstützen, ebenso wie der Frischegrad der Gemüsesorten: verholztes Gemüse besser nicht mehr verwenden.

TIPP: Als Gemüsebeilage kann auch auf Tiefkühlgemüse gesetzt werden. Durch die kurze Hitzeeinwirkung und das Tiefgefrieren wird die Struktur der Zellsubstanzen verändert und die Verträglichkeit der enthaltenen Ballaststoffe erhöht.

In der angepassten Vollkost kann ein Teil als Rohkost oder Salat gegessen werden. Beachten Sie jedoch, dass beim Verzehr von Rohkost die ganze Verdauungsarbeit dem Magen-Darm überlassen wird. Dies kann zu Beschwerden führen, je nachdem wie geschwächt und ungeübt Ihr Verdauungssystem vor allem nach einer längeren Eliminationsphase ist. Es kann somit sein, dass eine Gemüseart als Rohkost Beschwerden auslöst und im gegarten Zustand gut verträglich ist. Daher sollte die Umstellung auf Rohkost nicht zu schnell erfolgen.

TIPP: Wenn Sie Gemüse und vor allem Rohkost fein zerkleinern, können Sie die Verträglichkeit steigern und den Magen entlasten.

Blähende, schwer verdauliche Gemüsesorten wie Kohlgemüse, Zwiebelgemüse und Hülsenfrüchte werden sehr unterschiedlich vertragen. Auch Pilze können bei Magenbeschwerden unverträglich sein. Bei diesen Gemüsesorten sollten Sie daher anfangs achtsam sein. Nach Besserung der Symptome probieren Sie davon vorerst kleinere Mengen, am besten gekocht. Bei Verträglichkeit können diese in den Speiseplan übernommen werden.

TIPP: Durch lange Garzeiten, ausreichende Einweichdauer und Verwerfen des Kochwassers kann die Verträglichkeit von Hülsenfrüchten verbessert werden. Konkret heißt das, dass Sie bei Bohnen, Erbsen und Kichererbsen sicherheitshalber das Einweichwasser und das Kochwasser verwerfen sollten, um die beeinträchtigenden Inhaltsstoffe zu zerstören. Zu Beginn sind Linsen, Lupine oder Soja aufgrund ihres höheren Eiweißanteils leichter verdaulich als die anderen Hülsenfrüchte. Aber auch Kichererbsen und Kidneybohnen aus dem Glas bzw. aus der Dose eignen sich, wenn man diese vor dem Verzehr gründlich mit Wasser abspült. Linsen benötigen weniger Kochzeit, weil sie kleiner sind, und sie müssen weder eingeweicht noch muss das Kochwasser verworfen werden. In ihrer Bekömmlichkeit zeichnen sich vor allem kleine zarte Sorten wie gelbe oder rote Linsen aus. Geschälte Erbsen sind im Vergleich zu den ungeschälten Erbsen wegen ihres geringeren Ballaststoffgehaltes leichter verdaulich. Hummus eignet sich als Dip oder Brotaufstrich (siehe Rezept S. 116). Auch hier gilt: Beginnen Sie mit kleinen Mengen, um Ihren Magen-Darm-Trakt daran zu gewöhnen.

Kräuter und Gewürze

	Gut verträglich	Könnte zu Beschwerden führen
Gewürze	Fenchel, Anis, Koriander	Knoblauch, Kren/Meerrettich, Paprika und scharfer Senf fördern die Magensaftproduktion
Küchenkräuter	Petersilie, Dill, Basilikum, Kerbel, Salbei, Estragon, Rosmarin, Thymian, Bohnenkraut	In größeren Mengen: Schnittlauch, Bärlauch; bittere Kräuter wie Enzian und Wermut fördern die Magensaftproduktion

Thymian

TIPP: Durch großzügiges Würzen mit Kräutern wie Thymian, Dill oder Bohnenkraut sowie mit Gewürzen wie Fenchel werden die Hülsenfrüchte leichter verdaulich.

Da scharf gewürzte Speisen Beschwerden auslösen können und teilweise die Magensaftproduktion steigern, sollten Sie extreme Schärfe meiden. Auch bittere Kräuter wie Enzian und Wermut regen die Magensäureproduktion an. Milde Küchenkräuter und Gewürze verleihen Ihren Speisen hingegen einen guten Geschmack und können dadurch dazu beitragen, dass Sie weniger Salz verwenden müssen. Außerdem machen sie Speisen mit ihrem hohen Gehalt an ätherischen Ölen bekömmlicher. In Form von hell gebundenen Soßen wie Dill- oder Petersiliensoße sind sie vielseitig einsetzbar. Beachten Sie jedoch, dass durch den Verzehr ätherischer Öle mehr Magensäure ausgeschüttet wird.

Obst

	Gut verträglich	Könnte Beschwerden verursachen
Kompott und Fruchtmus	Apfel, Birne, Erdbeere, Himbeere, Heidelbeere, Brombeere, Mandarine, Marille, Pfirsich, Kirschen	Mirabelle, Stachelbeere, Johannisbeere, Zwetschge/Pflaume
Rohes Obst	Bananen, Äpfel (anfangs geschält), Erdbeeren, Melonen, Kiwi, Heidelbeeren, Himbeeren, Ananas Später: Birnen, Pfirsiche, Marillen, Zitrusfrüchte; kleine Mengen Avocado	Alle übrigen Obstsorten, v. a. Steinobst wie Mirabellen, Kirschen, Stachelbeeren, Johannisbeeren, Zwetschgen/Pflaumen; große Mengen Avocado
Nüsse	Zerkleinerte (fein gemahlene) und ungesalzene, geschälte Nüsse wie v. a. Mandeln, Nussmus; Mengen beachten!	Große Mengen grobe und/oder stückige Nüsse

Durch die im Obst enthaltenen Fruchtsäuren wird einerseits der Appetit und andererseits die Bildung von Verdauungsenzymen im oberen Dünndarm angeregt. Die Verdauungsbereitschaft und der Speichelfluss werden durch die enthaltenen Farb- und Bitterstoffe gesteigert.

TIPP: Reifes Obst wird grundsätzlich besser vertragen und wirkt sich auch förderlich auf Magenbeschwerden aus. Mit zunehmendem Reifegrad verändert sich die Ballaststoffqualität: die Schale und das Fruchtfleisch werden weicher und die unlöslichen Bestandteile in den Zellwänden wandeln sich in lösliche Pektine und die besser verdauliche Hemicellulose um. Lösliche Ballaststoffe haben die Fähigkeit, Wasser einzulagern und können dadurch die Konsistenz des Speisebreis beeinflussen. Durch ihre gelbildende Wirkung nehmen sie im Magen Säure auf und können sie abfedern. Dies übt eine schützende Funktion auf die Schleimhäute aus.

Je nach Sorte, Reifegrad und Verarbeitung wird auch Obst unterschiedlich vertragen. Beginnen Sie mit kleinen Mengen, wenn Sie längere Zeit auf rohes Obst verzichtet haben. **Besonders gut verträglich sind reife Bananen, Erdbeeren und Himbeeren**. Saure Obstsorten wie Zitrusfrüchte (z.B. Orangen, Grapefruit, Zitronen) enthalten jedoch viel Säure und könnten Beschwerden verursachen. Falls Ihnen rohes Obst Beschwerden bereiten sollte, probieren Sie es mit gekochtem Obst in Form von (ungezuckertem) Kompott oder Mus, dies ist leichter verdaulich als rohe Früchte. Etliche Obstkonserven enthalten viel Zucker – werfen Sie daher einen Blick auf die Zutatenliste.

Getreide, Getreideprodukte und Kartoffeln

	Gut verträglich	Könnte Beschwerden verursachen
Brot	Mischbrot, Weißbrot, Semmeln, Knäckebrot	Grobes und frisch gebackenes Brot
Reis	Gekochter Reis, Gemüsereis, Reisbrei, Reisauflauf	Reissalat mit Mayonnaise
Teigwaren	Alle Teigwaren-Sorten, Spätzle, Nockerl/Nocken	Gebratene Nudeln, Nudelsalat mit Mayonnaise
Sonstige Beilagen	Semmelknödel, Polenta, Bulgur, Graupen, Zartweizen, Couscous	Speckknödel/Speckklöße, Grammelknödel

	Gut verträglich	Könnte Beschwerden verursachen
Getreidegerichte aus Flocken	Porridge, Breie, Aufläufe, Gebäck	
Kartoffeln	Gekochte Kartoffeln, Salzkartoffeln, Kümmelkartoffeln, Kartoffelpüree, in der Folie gegarte Kartoffeln	Bratkartoffeln, Rösti, Kartoffelpuffer, Pommes frites, Kroketten, Kartoffelchips, Kartoffelsalat mit Zwiebeln, Speck oder Mayonnaise

TIPP: Falls Sie frisches Brot nicht vertragen, versuchen Sie es mit „altbackenem“.

Geeignet und leicht verdaulich sind Kohlenhydrate in Form von Suppeneinlagen wie Nudeln, Reis, Grieß oder Eierstich in klaren Suppen. Brote, die aus weißen und fein vermahlenen Mehlen hergestellt wurden, sind besonders bekömmlich, für die Langzeiternährung eignen sich aufgrund des höheren Ballaststoffgehalts fein vermahlenes Vollkornbrot wie Grahambrot oder Vollkorntoast.

Gut verdaulich sind ohne oder mit wenig Fett zubereitete Kartoffelgerichte und Getreidegerichte aus Flocken (siehe obige Tabelle). Zubereitungen mit hohem Fett- und Röststoffgehalt wie gebratene Nudeln, Speckknödel oder Nudelsalat mit Mayonnaise sind schwer verdaulich und daher nicht empfehlenswert.

WISSEN: Eine aktuelle, randomisierte, doppelblinde Studie, in der 129 Patienten:innen mit chronischer Gastritis untersucht wurden, zeigte eine vorteilhafte Wirkung von Beta-Glucanen in Hafer. Diese zählen zu den löslichen Ballaststoffen und kommen natürlicherweise in den Zellwänden von Getreide, Pilzen, Hefen und Algen vor. Sie werden im Magen nicht enzymatisch abgebaut und bilden eine Schleimschicht, welche vor Irritationen schützt und Entzündungen lindert. In der Studie trat die Wirkung – unter anderem kam es zu reduzierten Schleimhautschäden und positiven Veränderungen bei antioxidativen Abwehrparametern – nach 30 Tagen Anwendung auf. Dies wirft ein neues Licht auf die Ernährungstherapie bei chronischer Gastritis.

Quelle: Gudej S et al. (2021): Clinical Outcomes after Oat Beta-Glucans Dietary Treatment in Gastritis Patients. Nutrients, 2021.

Milch und Milchprodukte sowie pflanzliche Alternativen

	Gut verträglich	Könnte Beschwerden verursachen
Milch und Milchprodukte, Pflanzendrinks und pflanzliche Joghurtalternativen	Joghurt und Milch mit 1,5 % Fett, Pflanzendrinks auf Soja-, Reis-, Kokos-, Haselnuss-, Mandel- oder Haferbasis und pflanzliche Joghurtalternativen auf Soja-, Kokos-, Mandel- oder Haferbasis	Schlagobers/Sahne, Sauerrahm oder Creme fraîche sowie pflanzliche Sahnealternativen und Kochcremen
Käse	Frisch-, Weich- oder Schnittkäse bis 45 % F. i. T.: Topfen/Quark; Camembert, Brie, Tilsiter, Gouda, Edamer, pflanzliche Alternativen zu Käse	fettreiche Sorten mit 50 % F. i. T.

In der Regel sind fettarme Milch und Milchprodukte wie z. B. Joghurt und Milch mit 1,5 % Fett gut bekömmlich, ebenso ihr pflanzliches Pendant. Nicht geeignet aufgrund des hohen Fettgehalts sind große Mengen an Schlagobers/Sahne, Sauerrahm oder Creme fraîche, sowie pflanzliche Sahnealternativen und Kochcremen. Beim Käse hängt die Verträglichkeit vom Fettgehalt und von der Konsistenz ab. Je härter ein Käse, umso schlechter bekömmlich könnte er für Sie sein. Milch dürfte aufgrund ihres hohen Calciumgehalts (siehe Kapitel „Was geschieht im Magen?“, S. 9) die Säureproduktion im Magen erheblich stimulieren. Wenn Sie auf pflanzliche Alternativen zurückgreifen, beachten Sie die unterschiedlichen Produkte – je weniger Zutaten (und somit Zusatzstoffe), desto besser! Entscheiden Sie sich aus oben angegebenen Gründen für Pflanzendrinks, die nicht mit Calcium angereichert sind, falls Sie mit erhöhter Magensäuresekretion zu kämpfen haben.

Fleisch, Wurst, Fisch und Fleischersatz

	Gut verträglich	Könnte Beschwerden verursachen
Kalbfleischgerichte	Geschnetzeltes/Sautiertes, Frikassee	Gefüllte Kalbsbrust, Kebab
Rindfleischgerichte	Tafelspitz (Schwanzstück vom Rind), Rouladen	Gulasch, Rouladen mit Speck und Zwiebel gefüllt
Schweinefleischgerichte	Geschnetzeltes/Sautiertes, Medaillons, Naturschnitzel	Schmorbraten, Stelze
Lammfleischgerichte	Braten, Ragout aus der Keule oder dem Rücken	Gegrillte Hammelkoteletts, Hammelragout
Geflügelgerichte	Gegrilltes Huhn, Hühnerbrüstchen	Frittierte Hühnerteile, Ente, Gans
Fleischwaren und Wurst	Gekochter Schinken, Lachsschinken, Bierschinken, Geflügelwurst	Fettreicher oder stark geräucherter Schinken, Leberwurst, Bratwurst
Fleischersatz	Tofu „natur“	Tempeh (aus fermentierten Sojabohnen), Seitan (aus Weizeneiweiß), Sojagranulat, Räuchertofu

Grundsätzlich sind mageres rotes Fleisch und Geflügel geeignet. Ausschlaggebend für die Bekömmlichkeit ist die Zubereitungsart. Frittiertes Fleisch wie Schnitzel oder faschierte Laibchen sind schwer verdaulich und daher nicht empfehlenswert. Das Gleiche gilt für Räucherwaren wie geräucherten Schinken und geröstete Speisen. Die Magensäure wird dadurch regelrecht „gelockt“. Gut verträglich sind fettarme Fleischwaren. Angerichtet werden können Fleischgerichte mit röststoffarmen, fettarmen Saucen, die bekömmlich abgeschmeckt wurden (z. B. selbstgemachte, nicht zu stark gewürzte Bratensauce). Mayonnaise und fette Zubereitungen wie Remoulade sind nicht empfohlen.

Tofu bietet eine fleischlose Alternative und hat zudem einen Vorteil bei Patient:innen mit Gastritisbeschwerden: Eiweiß in Soja fördert die Magensäureproduktion weniger als zum Beispiel geröstetes Rindfleisch. Tempeh, Seitan und Sojagranulat könnten unter Umständen schwerer verdaulich sein.

	Gut verträglich	Könnte Beschwerden verursachen
Fisch	Forelle, Zander, Hecht, Dorsch, Scholle, Kabeljau, tiefgekühltes Fischfilet, Seelachs, Thunfisch im eigenen Saft	Thunfisch in Öl, gebackener Fisch

Auch bei Fisch, Fischwaren und Meerestieren gilt das Gleiche wie bei Fleisch: Es kommt auf die Zubereitung an. Süßwasserfische wie Forelle oder Zander sowie Seefische wie Kabeljau oder Seelachs sind geeignet. Auch Thunfisch im eigenen Saft, nicht jedoch in Öl, ist allgemein gut verträglich.

	Gut verträglich	Könnte Beschwerden verursachen
Eierspeisen	Rührei, weich gekochte Eier, Ei-Milch-Gemisch für Aufläufe	Hart gekochte Eier, Eiersalat, Spiegeleier

Besonders Eier in weicher Form wie weich gekochte Eier oder Rührei und Eier, die in Speisen fein verteilt sind, stellen wertvolle Eiweißquellen dar und sind gut bekömmlich. Hart gekochte Eier können jedoch aufgrund der längeren Garzeiten eine andere Proteinstruktur aufweisen und dadurch Symptome verstärken.

Öle und Fette

	Gut verträglich	Könnte Beschwerden verursachen
Fettauswahl	Butter, Margarine, hochwertige Pflanzenöle: Raps-, Oliven-, Lein- und Nussöle	Große Mengen an Butter und Margarine, Schmalz, gehärtete Fette, stark erhitzte Fette und Öle (z. B. Paniertes, Frittiertes wie Schnitzel, Pommes frites u. ä.)

Fette, die nicht erhitzt wurden, wie Butter oder hochwertige Pflanzenöle, sind grundsätzlich besser verträglich als hoch erhitzte Fette. Für die Zubereitung der Speisen sollten Sie nur geringe Mengen an Öl einsetzen. Butter zeichnet sich als emulgiertes Fett aufgrund der kurzkettigen Fettsäuren durch eine gute Bekömmlichkeit aus und kann daher in moderatem Ausmaß als Belag bei Magen-Darm-Beschwerden verwendet werden.

Snacks und Süßigkeiten

	Gut verträglich	Könnte Beschwerden verursachen
Snacks und Süßigkeiten	Biskuitroulade mit Marmelade gefüllt, Obsttorten mit gut verträglichen Obstsorten, Rührteige wie Zitronen- oder Rosinenkuchen	Obstkuchen wie Ribisel- und Zwetschgenkuchen, schwere Rührteige wie Gewürz- oder Nusskuchen, Blätterteiggebäck, fettreiche Torten wie Schwarzwälder Kirschtorte, Nusstorte Marmelade, Honig, Zucker in größeren Mengen

Die Verträglichkeit hängt vom Fett- und Zuckergehalt ab: Biskuitroulade mit Marmelade gefüllt, Obsttorten mit gut verträglichen Obstsorten oder leichte Rührteige werden in der Regel gut vertragen, im Gegensatz zu fetten Backwaren wie Cremetorten und Eiscreme. Grundsätzlich sollten Sie stark gesüßte Speisen und Süßigkeiten so selten wie möglich genießen, da sie erfahrungsgemäß die Beschwerden verschlimmern.

Genussmittel

	Gut verträglich	Könnte Beschwerden verursachen
Kaffee	Röststoffarmer Bohnenkaffee, Milchkaffee, Cappuccino, Espresso	Röststoffreicher und sehr starker Bohnenkaffee

Die Verträglichkeit von Kaffee und schwarzem Tee ist unterschiedlich. Kaffee enthält Säuren, Gerb- und Bitterstoffe und steigert die Säureproduktion. Als Alternative eignet sich ein mild gerösteter Schonkaffee, welcher weniger Säuren und andere Röstreizstoffe enthält.

TIPP: Es gibt Zubereitungsformen, welche Bitterstoffe im Kaffee reduzieren können, wie z. B. Espresso. Zum Hintergrund: Je länger das Kaffeepulver in Kontakt mit dem Wasser steht, desto mehr Bitterstoffe gelangen in den Kaffee! Indem Sie Milch in Ihren Kaffee geben, kann die Bekömmlichkeit des Kaffees gesteigert werden.

Kaffee auf nüchternen Magen zu trinken ist jedoch unabhängig von Sorte und Zubereitung nicht empfohlen.

Getränke

	Gut verträglich	Könnte Beschwerden verursachen
Getränke	Wasser und ungesüßter Kräutertee, stark verdünnte Fruchtsäfte (Apfelsaft, Multivitaminsaft), Pfefferminz-, Käsepappel/Malven- und Kamillenblütentee	Sehr kohlensäurehaltige Getränke, Orangensaft, Grapefruitsaft, Sauerkrautsaft, alkoholische Getränke, Eistee, Matetee und grüner Tee, Früchtetees wie Hagebutte, Limonaden, Energy Drinks

Wasser, stilles Mineralwasser oder Kräutertees sind ideale Durstlöscher, welche den Wasserverlust ausgleichen und bei Magenbeschwerden gut verträglich sind. Verdünnte Frucht- und Gemüsesäfte (3 Teile Wasser, 1 Teil Saft) können ebenfalls gut verträglich sein, Säfte aus Orangen oder Grapefruit können jedoch zu Beschwerden führen. Besonders empfehlenswert für Magen und Darm ist Pfefferminztee, der krampflösend wirkt, solange man nicht zu Reflux neigt. Koffeinreiche Teesorten wie Eistee, Matetee und grüner Tee können zu Magenbeschwerden führen, auch saure Früchtetees wie Hagebutte können Reizungen zur Folge haben. Der Konsum von zuckerhaltigen Getränken wie Fruchtnektar sowie Limonaden, Energy Drinks oder Wellnessgetränken kann aufgrund der hohen Zuckermengen zu Unverträglichkeiten führen.

TIPP: Trinken Sie rund 1,5 Liter jeden Tag, in nicht zu großen Mengen auf einmal. Eine gleichmäßige Verteilung über den Tag wirkt sich positiv auf die Verdauung aus.

WISSEN: Pfefferminztee hat spasmolytische (krampflösende) Wirkung, diese kann jedoch bei Refluxbeschwerden kontraproduktiv sein. Er lockert nämlich auch den Schließmuskel zwischen Speiseröhre und Magen und kann so das Rückfließen von Magensäure erleichtern.

Alkoholische Getränke stimulieren die Säuresekretion. Auch Bitterstoffe, wie sie beispielsweise in Aperitifs enthalten sind, haben diesen Effekt. Alkohol sollte daher nur in Ausnahmefällen getrunken werden.

Phase 4 – die Dauerernährung

Abbildung 2: Mahlzeitenteller (Quelle: ÖGK 2022)

Das Ziel der Ernährungstherapie bei Gastritis sollte die Speisengestaltung entsprechend einer ausgewogenen, abwechslungsreichen Mischkost je nach individueller Verträglichkeit sein.

> TIPP: Eliminieren Sie ausschließlich jene Lebensmittel, Inhaltsstoffe oder Zubereitungsarten, die Ihnen Beschwerden verursachen, um eine Mangelernährung zu vermeiden.

Der Mahlzeitenteller soll veranschaulichen, aus welchen Lebensmitteln sich eine vollständige Mahlzeit zusammensetzt und Ihnen ein Gefühl für das Verhältnis vermitteln, in denen jedes dieser Lebensmittel auf den Teller kommen sollte, damit die Mahlzeit ausgewogen ist. Dass dieses Mengenverhältnis nicht immer exakt gleich ist, versteht sich von selbst, da die Mengen von der Art der Lebensmittel, aus denen sich die Mahlzeit zusammensetzt, und den individuellen Bedürfnissen abhängen. Eine vollständige Mahlzeit besteht demnach zur Hälfte aus Gemüse und/oder Salat und zu einem Viertel aus stärkehaltigen Lebensmitteln wie Kartoffeln oder Getreideprodukten. Das übrige Viertel des Tellers besteht aus proteinreichen (= eiweißreichen) Lebensmitteln wie Fleisch, Fisch, Eiern, Milchprodukten sowie pflanzlichen Alternativen wie Hülsenfrüchten, Tofu, Tempeh oder Pflanzendrinks.

TIPP: Wählen Sie täglich aus allen abgebildeten Lebensmittelgruppen unter Berücksichtigung des dargestellten Mengenverhältnisses – dies sind die besten Voraussetzungen für eine ausgewogene Ernährung!

Dabei richtet sich die Portion auf dem Teller nach dem Energiebedarf, der je nach Geschlecht, Körpergröße, Alter, der körperlichen Aktivität und der physiologischen Situation (z. B. Schwangerschaft, Stillzeit) variiert.

Gemüse und Salat: 3 Portionen pro Tag

Der ernährungsphysiologische Mehrwert von Gemüse liegt darin, dass es energiearm ist, aber reich an Vitaminen, Mineral- und Ballaststoffen sowie sekundären Pflanzenstoffen wie Carotinoiden und Flavonoiden. Daher sollten täglich mindestens 3 Portionen Gemüse konsumiert werden. Eine Portion entspricht dabei immer einer Handvoll. Idealerweise konsumieren Sie Ihre Vitaminbomben möglichst frisch oder kurz gegart bzw. gelegentlich auch als Saft.

Glücklicherweise gibt es ein buntes Gemüseangebot, welches Sie z. B. durch Hülsenfrüchte bereichern können. Hülsenfrüchte gelten als schwer verdaulich und können auch zu Blähungen führen. Die Verdaulichkeit kann jedoch beeinflusst werden, daher müssen Sie nicht auf diese wertvolle Ballaststoffqualität verzichten (siehe angepasste Vollkost, S. 20).

TIPP: Indem Sie eine ausreichende Gemüseportion dazuessen, beugen Sie einer übermäßigen Gasbildung nach dem Verzehr von Hülsenfrüchten vor, da die in Hülsenfrüchten enthaltenen Ballaststoffe durch die Gemüseballaststoffe abtransportiert werden können.

Obst: 2 Portionen pro Tag

Wie Gemüse ist auch Obst energiearm. Ausgenommen davon sind fettreiche Sorten wie Avocado und Nüsse. Obst liefert reichlich Vitamine, Mineral- und Ballaststoffe sowie sekundäre Pflanzenstoffe. Deren gesundheitsfördernde Wirkung wurde in zahlreichen Studien belegt. Daher sollten täglich zwei Portionen Obst auf dem Speiseplan stehen. Eine Obstportion entspricht dabei zum Beispiel einem Apfel oder einer Orange.

Getreide, Getreideprodukte und Kartoffeln: 4 Portionen pro Tag

Diese Lebensmittel bilden eine wesentliche Grundlage in der vollwertigen Ernährung. Der ernährungsphysiologische Vorteil von Getreide und Getreideprodukten wie Brot, Nudeln, Reis, Getreideflocken sowie Kartoffeln liegt darin, dass sie kaum Fett enthalten, aber reichlich Vitamine, Mineralstoffe, Ballaststoffe und sekundäre Pflanzenstoffe. Da diese Inhaltsstoffe vor allem in den Randschichten des Getreidekorns stecken, sollten Sie Vollkornvarianten bevorzugen.

TIPP: Falls Sie herkömmliche Brote aus dem Supermarkt nicht vertragen, versuchen Sie es mit Broten mit langer Teigführung wie Sauerteigbroten, bei denen die unverträglichen Stoffe durch die langen Gehzeiten abgebaut wurden.

Bringen Sie Abwechslung in Ihren Speiseplan und probieren Sie auch andere Kohlenhydratbeilagen. Pseudogetreide wie Buchweizen, Amarant oder Quinoa können Ihren Speiseplan bereichern. Auch Kartoffeln sind sehr empfehlenswert, da sie eine hohe ernährungsphysiologische Qualität aufweisen. Werden Kartoffeln gekocht, abgekühlt und wieder aufgewärmt, liefern sie resistente Stärke, welche eine präbiotische Funktion hat. Präbiotika können durch ihre Zusammensetzung und/oder Aktivität die Mikrobiota (= Gesamtheit aller Mikroorganismen im Darm) unterstützen und zu einem gesundheitlichen Mehrwert führen.

Milch und Milchprodukte: 3 Portionen pro Tag

WISSEN: In einer Studie konnte ein positiver Einfluss probiotischer Mikroorganismen auf die Helicobacter-pylori-Besiedelung der Magenschleimhaut gefunden werden. Da jedoch auch pasteurisierte Joghurtzubereitungen in der Lage waren, die Helicobacter-Aktivität zu reduzieren, kann geschlussfolgert werden, dass die Reduktion nicht nur auf die Probiotika zurückzuführen ist, sondern generell auf die Wirkung gesäuerter Milchprodukte.

Quelle: de Vrese et al., 2011

Milchprodukte liefern hochwertiges Eiweiß sowie Mineralstoffe und Vitamine. Täglich sollten daher mehrere Portionen Milch und Milchprodukte wie Joghurt oder Käse auf den Tisch kommen. Fermentierte Lebensmittel wie Joghurt, Topfen/Quark, Skyr, Buttermilch, Kefir oder Ayran sind wichtige Bestandteile einer darmgesunden Kost und können bei regelmäßigem Verzehr einen Beitrag für Ihr Mikrobiom (= Gesamtheit der im Darm vorhandenen Mikroben und ihrer Gene) leisten. Sauermilcherzeugnisse in Kombination mit regelmäßigem Gemüseverzehr können deshalb als wichtige Säule für einen stabilen Magen-Darm-Trakt angesehen werden.

Drinks auf Soja-, Reis-, Kokos-, Haselnuss-, Mandel- oder Haferbasis sind pflanzliche Alternativen, ebenso wie pflanzliche Joghurtalternativen auf Soja-, Kokos-, Mandel- und Haferbasis.

Fleisch, Wurst, Fisch, Eier

Fisch: 1–2-mal pro Woche (à 150 g)

Fische liefern neben Jod vor allem Omega-3-Fettsäuren, welche sich günstig auf die Blutgefäße auswirken, eine entzündungssenkende Wirkung haben und die Immunabwehr stärken können. Große Mengen dieser Fettsäuren sind in fettreichen Seefischen wie Hering, Makrele und Lachs enthalten.

Ei: 3 Eier pro Woche

Das hochwertige tierische Eiweiß und die ausgewogenen Verhältnisse der Hauptnährstoffe (Makronährstoffe) im Ei führen zu einer optimalen Verdauung.

Fleisch: 2–3-mal pro Woche (à 100–150 g bzw. 30–50 g bei Wurstwaren)

Aufgrund des hohen Eiweißgehalts und insbesondere der guten Verfügbarkeit von Eisen, Zink und Vitamin B12 kann Fleisch eine hochwertige Proteinquelle auf Ihrem Teller darstellen. Fleisch und Wurst weisen allerdings auch große Mengen an gesättigten Fetten auf und sollten daher im Vergleich zu pflanzlichen Lebensmittel nur selten verzehrt werden. Versuchen Sie besonders den Verzehr von rotem Fleisch und Wurstwaren, die gepökelt oder geräuchert sind oder Phosphat enthalten, stark einzuschränken.

Als pflanzliche eiweißreiche Alternativen eignen sich Tofu oder Tempeh (fermentierte Sojabohnen). Traditionelle Fleischgerichte wie Spaghetti Bolognese, Lasagne oder Chili con Carne können pflanzlich gemacht werden, indem Linsenbolognese oder Soja-Granulat statt Hackfleisch verwendet wird.

Fette und Öle: 1–2 Portionen pro Tag

Fette und Öle liefern neben Fett auch das fettlösliche Vitamin E sowie essenzielle Fettsäuren. Beschränken Sie den Konsum von Streichfett auf maximal einen Esslöffel pro Tag. Die Auswahl kann ergänzt werden durch einen Esslöffel Oliven- oder Leinöl für Salate und Rohkostzubereitungen sowie Rapsöl für die Zubereitung von Speisen mit hohen Temperaturen bzw. durch einen Esslöffel Nüsse. Die Menge an „schlechten Fetten“ in Form von tierischen Fetten oder versteckt in Backwaren, Wurst, Gebäck, Süßwaren, Fast Food und Fertigprodukten sollte auf ein Minimum reduziert werden.

Snacks und Süßigkeiten

Für Süßes oder fettreiche Snacks wie Schokolade, Kuchen oder Chips können keine Orientierungswerte ausgesprochen werden. Diese Lebensmittel enthalten meist viel Fett und/ oder Zucker, sie sind somit sehr energiereich und weisen gleichzeitig eine niedrige Nährstoffdichte auf. Daher gilt die Empfehlung, sie nur hin und wieder in kleinen Mengen zu verzehren. Eine gute Alternative ist eine Handvoll ungesalzener Nüsse.

Allgemeine Empfehlungen für die magenschonende Ernährung

1. Essen Sie 5–6 kleine Mahlzeiten über den Tag verteilt

Die verträglichen Portionsgrößen hängen stark von der Leistungsfähigkeit Ihrer Verdauungsorgane ab. Große Portionen können Ihren Magen bei bereits bestehenden Beschwerden überfordern. Für die Zeit, in der Symptome bestehen, entlasten Sie Ihren Magen, indem Sie die Mahlzeiten auf fünf bis sechs kleinere Mahlzeiten über den Tag verteilt einnehmen. Zu den drei Hauptmahlzeiten können Sie somit auch eine Zwischenmahlzeit am Vormittag und eine am Nachmittag einbauen. Bei Bedarf können Sie die Frequenz auch erhöhen. Meiden Sie jedenfalls üppige Abendmahlzeiten.

TIPP: Als Zwischenmahlzeit eignen sich Milchprodukte, trockenes Brot oder Gebäck, leicht verdauliches Obst oder Gläschen von Babynahrung.

2. Genießen Sie in Ruhe, kauen Sie gut

Eine im Allgemeinen gut verträgliche Mahlzeit kann Beschwerden verursachen, wenn sie zu schnell verzehrt wird. Durch das schnelle Essen wird einerseits mehr Luft geschluckt, was zu Blähungen führen kann. Andererseits wird dadurch oftmals nicht genug gekaut und es werden tendenziell größere Mengen gegessen. Dies stellt für die Verdauungsorgane zusätzlich eine Belastung dar. Denken Sie daher immer daran, dass der Magen die Arbeit zusätzlich leisten muss, die durch das Kauen nicht ausreichend verrichtet wurde.

TIPP: Durch gründliches Kauen und nicht zu hastiges Essen können Sie Ihren Magen entlasten.

3. Beachten Sie die unterschiedliche Verdaulichkeit einzelner Lebensmittel

Die drei Hauptnährstoffe, oder auch Makronährstoffe, aus denen Lebensmittel bestehen, sind Fett, Eiweiß und Kohlenhydrate. Je nachdem, welcher Anteil überwiegt, hat dies Einfluss auf unseren Verdauungstrakt. Beispielsweise liegen fettreiche Lebensmittel aufgrund der notwendigen hohen Magensäureproduktion und der entsprechend zeitintensiven Durchsäuerung der Speisen länger im Magen als eiweißreiche. Kohlenhydrate werden hingegen schneller und leichter verdaut. Die Magensäureproduktion hat dabei eine entscheidende Bedeutung für die Symptomkontrolle.

4. Eine angepasste Lebensmittelauswahl und Zubereitungsform können helfen

Neben diesen Maßnahmen soll auch eine leicht verdauliche Speisenauswahl Ihren Magen-Darm-Trakt entlasten. Die Auflistung von leicht verdaulichen Lebensmitteln in der „angepassten Vollkost“ (Phase 3) stellt keinen Anspruch auf Vollständigkeit dar, sie soll lediglich eine Orientierung bieten, welche Speisen bei der Mehrheit der Betroffenen gut vertragen werden. Kombinieren Sie diese und bereiten Sie diese schonend zu. Somit kann eine Verbesserung des Allgemeinbefindens erzielt werden. Meidungsempfehlungen, die Sie im Internet finden oder die auf gut gemeinten Ratschlägen von Angehörigen gründen, können Sie getrost unberücksichtigt lassen.

Meiden Sie grundsätzlich alle Extreme: Speisen und Getränke sollten weder zu süß, zu salzig, zu sauer, zu heiß oder zu kalt sein und vor allem auch nicht scharf oder stark gewürzt.

Empfohlen sind magenschonende Zubereitungsarten wie Kochen, Dünsten, Dämpfen, Garen in der Folie, im Tontopf, in der beschichteten Pfanne, in der Mikrowelle sowie Grillen ohne Fett. Fette Zubereitungsarten wie Frittieren oder Herausbacken sind ebenso wenig geeignet wie scharfes Anbraten von Speisen oder Grillen über offener Flamme.

5. Ernährungs- und Symptomprotokoll

Ein Ernährungs- und Symptomtagebuch kann Ihnen dabei helfen, Lebensmittel und Speisen zu identifizieren, die Ihnen Beschwerden bereiten. Dokumentieren Sie dafür über mehrere Tage alle gegessenen Lebensmittel und Speisen sowie dadurch auftretende Beschwerden, um einen möglichen Zusammenhang zu erkennen. Auch besondere Ereignisse wie Stress oder Urlaub sind dabei zu notieren, da sie ebenfalls die Verdauung bzw. die Verträglichkeit beeinflussen können. So können Sie Ihre persönliche Liste von verträglichen und unverträglichen Lebensmitteln bzw. Speisen erstellen. Eine diätologische Beratung kann Sie bei der Interpretation Ihres Ernährungs- und Symptomprotokolls unterstützen. Da die Verträglichkeit von Lebensmitteln so unterschiedlich ist wie jedes einzelne Individuum, sind strikt vorgegebene Ernährungspläne nicht sinnvoll – daher sind sie auch nicht Teil dieses Ratgebers.

Tag/Uhrzeit	Verzehrte Lebensmittel und Getränke	Beschwerden	Anmerkungen
Frühstück			
Zwischenmahlzeit			
Mittag			
Zwischenmahlzeit			
Abendessen			
Spätmahlzeit			

6. Schnelle Hilfe für den Notfall

Sollten Sie immer wieder mal starke Symptome einer Gastritis verspüren, bevorraten Sie sich mit für Sie verträglichen Lebensmitteln der Akutphase bzw. der Übergangskost. Somit können Sie bei akut auftretenden Beschwerden rasch Abhilfe schaffen.

7. Erfahrungsgemäß besonders ungünstige Lebensmittel und Speisen

- Scharf gewürzte Speisen: z. B. Chili, Kren/Meerrettich, roher Knoblauch, roher Zwiebel etc.
- Essig in konzentrierter Form und eingelegtes Essiggemüse (saure Gurken, Maiskölbchen etc.)
- Sehr fette Speisen: z. B. Gebackenes, Frittiertes, Paniertes etc.
- Sehr süße Speisen
- Zitrusfrüchte: Zitrusfrüchte enthalten auch im rohen Zustand viel Säure und sollten deshalb nur in ganz kleinen Mengen genossen werden.
- Tomatensaucen, Ketchup: konzentrierte Säure aus Tomaten. Rohe reife Tomaten werden oft gut vertragen.

- Besonders schlecht werden Speisen vertragen, in denen Kombinationen aus fett, süß, geröstet und/oder säurereich vorkommen, wie viele Mehlspeisen (z. B. Marillenknödel mit gerösteten Bröseln, mit Marmelade gefüllte Krapfen, Kaiserschmarrn mit viel Zucker und Zwetschgenkompott oder Marmeladepalatschinken).

Ungünstige Getränke

- Früchtetees: besonders jene, in denen rote Früchte enthalten sind (z. B. Hagebutte), können aufgrund der Säure Beschwerden verursachen.
- Fruchtsäfte: zu säurereich und zuckerreich (Zucker macht sauer!)
- Säurehaltige Limonaden und Energydrinks: z. B. Cola bzw. Cola light/Zero enthält viel Phosphorsäure, Zitronensäure und zusätzlich auch Kohlensäure.
- Kohlensäurehaltige Getränke: können die Magenschleimhaut angreifen.
- Smoothies aus Obst und Gemüse: viel Zucker und Fruchtsäuren
- Kaffee: starke Röststoffe reizen den Magen

WICHTIGE TIPPS

Essen außer Haus

Die nationale und internationale Küche bietet eine Vielzahl an Möglichkeiten, aber auch viele Stolpersteine, was den Magen-Darm-Trakt betrifft. Mithilfe der Tipps auf den vorangegangenen Seiten sollte es Ihnen möglich sein, Gerichte aus der Speisekarte zu wählen, die für Sie verträglich sind und solche zu vermeiden, die eventuell mit Vorsicht zu genießen sind. Speziell an die Situation angepasst, geben wir Ihnen im wahrsten Sinne des Wortes noch einige Tipps mit auf den Weg:

Gut verträgliche Speisen, die meist im Restaurant verfügbar sind:

- Milde und fettarme Teigwarensuppen oder Gemüsesuppen aus verträglichen Gemüsesorten
- Milde und fettarme Pasta- und Reisgerichte, gekochte Kartoffeln, Couscous oder Bulgur in fettarmer Zubereitung
- Salate mit mildem (Joghurt-)Dressing und aus verträglichem Gemüse
- Gemüsespeisen aus verträglichen Gemüsesorten und fettarmer Zubereitung
- Fleisch- oder Fischgerichte fettarm zubereitet

Gute Vorbereitung is(s)t alles:

- Informieren Sie sich vor dem Restaurantbesuch über die angebotenen Speisen (online, telefonisch, vor Ort).
- Falls möglich, essen Sie bereits zu Hause eine Kleinigkeit, um bei einem mangelnden Angebot verträglicher Speisen nicht auf unverträgliche Speisen zurückgreifen zu müssen.
- Für unterwegs können Sie sich immer etwas zu Hause vorbereiten und mitnehmen.

Im Restaurant/bei Einladungen:

- Wählen Sie Speisen je nach Verträglichkeit und vermeiden Sie Lebensmittel, auf die Sie empfindlich reagieren
- Fragen Sie bei Bedarf nach Speisenabänderungen bzw. lassen Sie sich einzelne Komponenten zusammenstellen
- Sollten Sie die Wahl haben, zum Beispiel bei Buffets, essen Sie von bekömmlichen Speisen mehr und nutzen Sie weniger bekömmliche höchstens als kleine Beilage
- Testen Sie Ihnen unbekannte Speisen vorsichtig

Heilpflanzen

Unterstützend können Sie bei unkomplizierter, nicht blutender Gastritis auf die natürlichen Wirkstoffe einiger Pflanzen und Samen zurückgreifen. Diesen sogenannten Phytopharmaka kommt aufgrund ihres breiten Wirksamkeitsspektrums – von der Entzündungshemmung bis zum Schleimhautschutz – eine nicht zu unterschätzende Bedeutung in der unterstützenden Therapie akuter und chronischer Gastritis zu. Im Folgenden sind Empfehlungen aufgelistet, die sowohl in der Volks- als auch in der Schulmedizin Einsatz finden.

Bei Arzneitees, also Tees mit medizinischer Wirkung, gilt es, genau auf die Empfehlungen und Anweisungen zur Dosierung zu achten. Außerdem empfiehlt es sich, die Sorten bei dauerhaftem Konsum öfters zu wechseln.

Tabelle 2: Heilpflanzen bei Gastritis

	Darreichungsform	Wirkungsweise
Kamillenblüten	In Form von ungesüßtem Tee. Zubereitung: 1 gehäuften EL mit ca. 150 ml heißem Wasser übergießen, ca. 5 bis 10 Minuten ziehen lassen, abseihen; langsam und schluckweise zwischen den Mahlzeiten trinken. Monopräparate oder Kombinationspräparate erhältlich in Apotheken.	Bei akuter Gastritis. Kamillenblüten zählen zu den sogenannten Antiphlogistika, das heißt neben der entzündungshemmenden Wirkung sind sie auch bakteriostatisch und durchblutungsfördernd. Des Weiteren wirken sie krampflösend (spasmolytisch).

Käsepappel (Malve)	In Form von ungesüßtem Tee. Zubereitung: 1 EL fein geschnittene Blüten oder 2 EL Blätter mit einer Tasse kaltem Wasser ansetzen, kurz aufkochen, 10 Minuten ziehen lassen, abseihen; mehrmals täglich eine Tasse trinken. Malvenblätter/-blüten sind auch als Monopräparat oder Kombinationspräparate in Apotheken erhältlich.	Bei akuter und chronischer Gastritis. Eine Wirksamkeit bei Gastritis ist durch die enthaltenen Schleimstoffe erklärbar. Käsepappel zählt wie Leinsamenschleim zu den Schleimstoffen. Diese schützen die Schleimhaut, fördern die Regeneration von Schleimhautschäden und verstärken defensive Faktoren.
Leinsamen	In Form von Schleim. Zubereitung: 2 bis 3 EL geschrotete bzw. zerkleinerte gelbe Leinsamen am Vorabend in ¼ bis ½ Liter Wasser einweichen, am Morgen kurz aufkochen, Schleim von Leinsamen durch Mulltuch abtrennen und in eine Thermosflasche abfüllen. Körperwarm über den Tag verteilt schluckweise trinken. In Apotheken sind auch Monopräparate oder Kombinationspräparate erhältlich.	Bei akuter und chronischer Gastritis. Leinsamenschleim zählt zu den Schleimstoffen.
Magentee	Bestehend aus 30 g Kamillenblüten, 20 g Pfefferminzblättern, 20 g Fenchelfrüchten und 30 g Kalmuswurzelstock. Zubereitung: 1 TL Teemischung mit einer Tasse kochendem Wasser übergießen, 5 bis 10 Minuten ziehen lassen, abseihen; 1 bis 2 Mal täglich eine Tasse warm und schluckweise trinken.	Bei chronischer Gastritis.
Pfefferminze	Kann als Fertigpräparat (Kapsel), Teebeutel oder loses Kraut angewendet werden. Zubereitung: 2 bis 3 TL mit 150 ml kochendem Wasser übergießen, 10 Minuten zugedeckt ziehen lassen; 3 bis 4 Tassen täglich trinken.	Findet bei Gastritis breite Anwendung, da Pfefferminzöl oder Pfefferminzblätter bei diversen Verdauungsstörungen, z. B. bei krampfartigen Beschwerden im oberen Verdauungstrakt, Linderung bringen können.

nach Grünwald/Jänicke [2004] sowie Schilcher [2016]

Essenzielle Mikronährstoffe

Viele Mineralstoffe, aber auch Vitamine, brauchen das saure Milieu im Magen, um von unserem Körper aufgenommen werden zu können. Daher sind bei chronischen Entzündungen sowie bei dauerhafter Einnahme von Säureblockern Mangelerscheinungen vorprogrammiert. Im Folgenden finden Sie einen Überblick über die wichtigsten Mikronährstoffe bei Gastritis und auf was Sie bei der Einnahme achten sollen:

- **Vitamin B12**
  Bei chronisch erhöhtem Magen-pH-Wert kommt es zu einer schlechteren Freisetzung von Vitamin B12 aus der Nahrung. Ferner wird die Bildung seines Transporters (Intrinsic Factor) gestört. Da bei Menschen ab dem 60. Lebensjahr die Resorption ohnehin schlechter ist, kommt es zu einem Mangel. Auch strenge Vegetarier:innen sowie Personen mit häufigem Alkoholkonsum sind stärker betroffen. Das Risiko für Demenz, Gefäßerkrankungen und Osteoporose ist dann erhöht. Bei fortgeschrittenen Formen der atrophischen Gastritis, PPI-Einnahme oder beim Vorliegen einer perniziösen Anämie sind deutlich höhere, therapeutische Dosen bis zu 1000 µg pro Tag erforderlich, da nur etwa 10 % der oralen Präparate aufgenommen werden können. Alternativ kann eine Verabreichung in die Venen, intramuskulär oder sublingual (Zahnpasta, Lutschtabletten) hilfreich sein. Wichtig ist es, den Spiegel alle sechs Monate laborchemisch kontrollieren zu lassen.
- **Calcium**
  Die Resorption von Calcium aus der Nahrung ist ebenfalls pH-abhängig und wird im neutral bis basischen Milieu schlechter durchgeführt. Daher steigt mit PPI-Einnahme das Osteoporoserisiko. Empfohlen ist daher eine Supplementierung von 300 bis 500 mg Calcium täglich in Form einer organischen Verbindung (z. B. Calciumcitrat). Da der Calcium-Wert im Serum nicht aussagekräftig für den Bestand im Körper ist, sollte regelmäßig das Parathormon gemessen werden.
- **Magnesium**
  Auch ein Magnesiummangel ist bei Gastritis nicht selten. Es ist Co-Faktor für über 400 Enzyme in unserem Körper, ein wichtiger Faktor für die Knochengesundheit und für den Transport von Vitamin D mit-

verantwortlich. Bei der längerfristigen Einnahme von Säureblockern ist daher auch eine Aufnahme von 400 mg Magnesium täglich empfohlen, ebenfalls in Form von Citrat.

- **Vitamin D3**

  Vitamin D3 ist als das Knochenvitamin bekannt, da ein Mangel mit einem erhöhten Risiko für Osteoporose einhergeht. Vitamin D spielt aber auch bei immunologischen Prozessen und der Entstehung von Krebserkrankungen eine Rolle. Betroffene mit chronischer atrophischer Gastritis weisen niedrige Serumwerte auf. Empfohlen ist die Einnahme von 2000 IE pro Tag, bei Mangel auch höher. Wichtig ist daher die Kontrolle des Blutspiegels. Besonders knochengünstig ist die kombinierte Einnahme mit Vitamin K2 (30 bis 60 µg täglich).

- **Folsäure**

  Die Folsäure ist auch ein B-Vitamin und ihre Aufnahme ist ebenfalls vom pH-Wert des Magens abhängig. Vor allem bei der Typ-C-Gastritis kann sich ein Mangel in Form einer perniziösen Anämie zeigen, ebenso wie bei dauerhafter Einnahme von Protonenpumpenhemmern. Empfohlen wird eine Supplementierung von 200 bis 800 µg täglich. Es bietet sich auch ein kombiniertes Präparat mit Vitamin B12 an.

- **Eisen**

  Durch den fortschreitenden Untergang von Belegzellen bei einer chronischen Gastritis kann es zu Eisenmangel kommen, des Weiteren führen unentdeckte Blutungen zu Eisenverlusten über den Stuhl. Wichtig ist die regelmäßige Kontrolle des Eisenstatus im Blut. Bei starkem Mangel ist es sinnvoll, sich Eiseninfusionen über die Venen verabreichen zu lassen. Bei mildem Mangel können auch pflanzliche Präparate gute Erfolge liefern, diese sind auch besser verträglich als herkömmliche. Eisenkapseln aus dem Curryblatt sind beispielsweise hochkonzentriert und weisen eine sehr gute Bioverfügbarkeit auf.

- **Vitamin C (Ascorbat, Ascorbinsäure)**

  In einem gesunden Magen finden sich höhere Ascorbinsäure-Spiegel als in unserem Blutplasma. Bei höherem pH-Wert, beschädigter Schleimhaut oder in Anwesenheit von H. pylori gehen die Konzentrationen zurück. In einigen Studien gibt es positive Hinweise darauf, dass die Einnahme von Vitamin C das Risiko von Schleimhautschädigungen durch Schmerzmitteleinnahme, Ulkusblutungen und Magenkrebs verringern kann. Es empfiehlt sich, es in Form von gepuffertem, magenverträglichem Ascorbat einzunehmen.

In der folgenden Tabelle finden Sie allgemeine Empfehlungen zur Supplementierung von Nährstoffen bei einer längerfristigen Einnahme von Protonenpumpenhemmern. Sprechen Sie Ihre individuellen Dosierungen aber stets ärztlich ab!

Vitamin B 12	500–1.000 µg/Tag
Calcium	300–500 mg/Tag
Magnesium	4–6 mg pro kg Körpergewicht/Tag (als Citrat)
Vitamin D3	40–60 I. E. pro kg Körpergewicht/Tag
Menaquinon-7 (MK-7)	0,5–1 µg pro kg Körpergewicht/Tag
Folsäure (5-MTHF)	200–800 µg/Tag

Quellen: Gröber, U, Kisters, K (2018): Vitamin-Räuber: Säureblocker. Akademie für Mikronährstoffmedizin. Gröber, U. (2011): Mikronährstoffe. Metabolic Tuning – Prävention – Therapie. 3. Aufl. Wiss. Verlagsgesellschaft.

Einsatz von Basenpulver bei Gastritis

Bei Gastritis mit einer überschießenden Säureproduktion liegt der Einsatz von Basenpulver nahe. Dies kann im schlimmsten Falle jedoch sogar kontraproduktiv sein. Durch das Vorhandensein von basisch wirkenden Stoffen im Magen wird zwar kurzfristig die Magensäure neutralisiert, jedoch steigert der Magen innerhalb kürzester Zeit reaktiv die Säureproduktion. Im Falle der Typ-A-Gastritis kommt es zudem nicht zu einer Über-, sondern einer Unterproduktion von Säure. Sie können mit Basenprodukten also Ihre Gastritis sogar noch verschlimmern.

Nehmen Sie nicht eigenständig vermeintliche Wundermittel („Basenpulver", „basisches Wasser" oder Ähnliches) zu sich, um Ihre Gastritis zu behandeln, da diese unerwünschte oder gegenteilige Wirkungen zeigen können. Besprechen Sie die Einnahme stets ärztlich oder in Ihrer Apotheke!

Mit dem Begriff der „Übersäuerung des Körpers“ ist die Säurebelastung des Gesamtorganismus gemeint. Dies hat nichts mit Beschwerden bei Gastritis zu tun, welche durch ein Zuviel an Magensäure und/oder Helicobacter pylori hervorgerufen werden. Diese beiden Phänomene sind getrennt voneinander zu betrachten. Die wichtigste Bestimmungsgröße des Säure-Basen-Haushalts ist der pH-Wert. Grundsätzlich gibt es Mechanismen im Körper, welche unseren pH-Wert im Blut und in den Zellen konstant halten. Das sind verschiedene Puffersysteme, die Lunge, die Niere und die Leber. Versagen diese kompensatorischen Mechanismen, kommt es zu einer Abweichung des pH-Wertes unter oder über dem normalen Bereich. Liegt der pH-Wert darunter, spricht man von Azidose (von lateinisch acidum = Säure), liegt er darüber, nennt man dies Alkalose. Beide Abweichungen können zu einer Störung physiologischer Funktionen wie z.B. enzymatischen Prozessen, aber auch der Kontraktion des Herzens führen.

Die pH-Skala

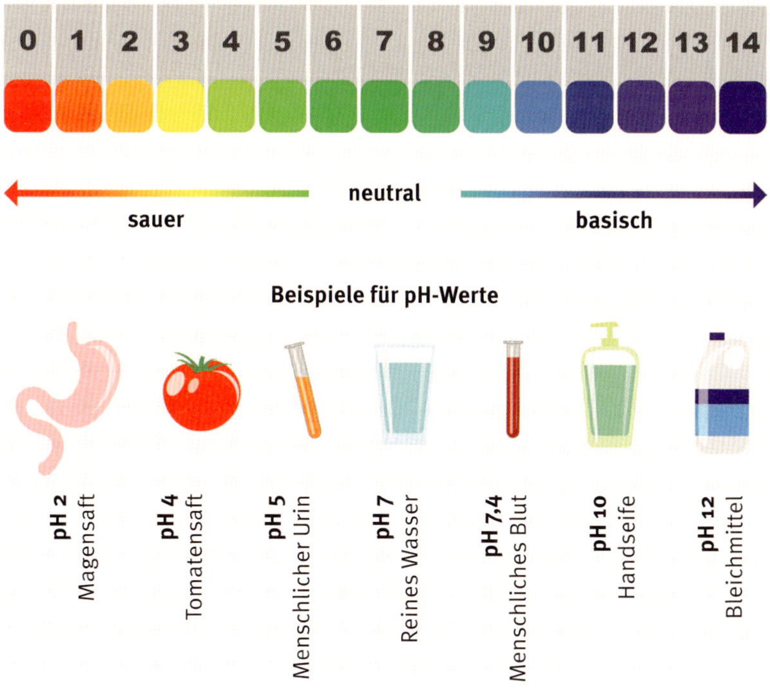

Im Vergleich dazu hat die „ernährungsinduzierte Azidose“, beeinflusst durch „säuregenerierende“ Lebensmittel und „basische“ Lebensmittel, nur sehr geringe Abweichungen des pH-Werts im Blut zur Folge. Ob ein Lebensmittel auf den einzelnen Organismus eine säuregenerierende oder basische Wirkung zeigt, ist aufgrund der guten Selbstregulierung des Körpers nur schwierig messbar. Die Unterscheidung in sauer und basisch gründet dabei auf einem Schätzwert der Säurebelastung durch Lebensmittel für die Nieren. Demnach werden durch Gemüse, Früchte und Säfte dem Körper Basen zugeführt, durch Fleisch und Fleischprodukte, Fisch und Käse und in geringerem Ausmaß Getreideprodukte kommt es zu einer vermehrten Säurebelastung. Dies ist auch der Hintergrund der Ansicht, dass die westliche Kost, welche reich an tierischem Eiweiß ist, eine milde chronische Azidose hervorruft. Eine milde Übersäuerung kann zwar bei säurereichen Diäten nicht ausgeschlossen werden und wurde auch in Studien bestätigt. Diese Veränderungen liegen jedoch im unteren Normalbereich. Beim Menschen konnte bisher noch keine Gewebeazidose wegen einer ungünstigen Zusammensetzung der Kost nachgewiesen werden. Bisher sind nur eindeutige Nachteile einer säurereichen Diät für den Knochen ausreichend untersucht worden. Ob dies in der Folge zu geringerer Knochendichte und erhöhtem Knochen- und Muskelabbau im Alter führt, ist noch unklar und bedarf weiterer Untersuchungen.

Unser Körper verfügt grundsätzlich über gut funktionierende Mechanismen, um Störungen des Säure-Basen-Gleichgewichts auszugleichen. Daher ist eine nahrungsbedingte chronische Azidose bei gesunden Menschen höchst unwahrscheinlich. Mit einer ausgewogenen und pflanzenbetonten Kost wird die zusätzliche Einnahme „basenfördernder“ Nahrungsergänzungsmittel, welche teilweise überdosierte oder fragwürdige Inhaltsstoffe enthalten, keine zusätzlichen vorteilhaften Effekte zeigen. Besonders bei Patient:innen mit Herz-, Lungen- oder Nierenerkrankungen ist bei der Anwendung einer Therapie mit basischen Stoffen ohne sorgfältige Abwägung und Fachwissen Vorsicht geboten.

Auf keinen Fall sollten Speisesoda oder Natron (Natriumhydrogencarbonat, Natriumbicarbonat) eingesetzt werden. Abgesehen von den Auswirkungen auf den Magen schwächt der regelmäßige Verzehr dieser hochalkalischen Basenmittel auf Dauer das Darmmikrobiom, wodurch die Barrierefunktion der Darmschleimhaut gestört wird. Zusätzlich wird aus Natriumhydrogencarbonat im Magen Kochsalz gebildet, was sich negativ auf den Blutdruck auswirken kann. Wenn Sie nach ärztlicher Rücksprache zusätzlich Basenpulver einnehmen wollen, sollten Sie citrathaltigen Produkten den Vorzug geben. Citrate sind die Salze der Zitronensäure und sind keine Basen im eigentlichen Sinn, sondern Substanzen, aus denen im Körper Basen gebildet werden. Dadurch haben sie auch keinen negativen Effekt auf den Magen- oder Darm-pH-Wert. Generell sollten Basenprodukte eine Stunde vor der Mahlzeit oder zwei bis vier Stunden danach genommen werden, um die Verdauungsleistung nicht zu beeinträchtigen. Zusätzlich ist es ratsam, auf Wechselwirkungen mit gleichzeitig eingenommenen Arzneimitteln zu achten. Nicht einnehmen sollten Sie diese Produkte bei eingeschränkter Nierenfunktion oder Nierensteinen.

REZEPTE

PHASE 1 – DIE AKUTPHASE

Ziele der Phase 1

Linderung der Schmerzen

MAGENFREUNDLICH IN DEN TAG

TEE

Trinken Sie den Tee Ihrer Wahl schluckweise und handwarm immer wieder über den Tag verteilt. Entzündungshemmende Teesorten finden Sie auf S. 42 (Heilpflanzen).

GEBÄCK

- Zwieback
- getoastetes Weiß- oder Schwarzbrot
- Reiswaffeln

„Gut gekaut ist halb verdaut“: Nehmen Sie sich das Sprichwort vor allem jetzt – bei Magenschmerzen – zu Herzen.

GRIESSKOCH MIT HAFERDRINK

Zutaten für 1 Person:

250 ml Haferdrink

2 EL Weizen- oder Dinkelgrieß

Zubereitung:

Haferdrink erhitzen, Grieß hinzufügen und unter ständigem Rühren auf kleiner Stufe langsam aufkochen lassen.

Nach 3–5 Minuten Kochzeit von der Herdplatte nehmen und abkühlen lassen.

REIS-CONGEE (CHINESISCHER REISBREI)

Zutaten für 2–4 Portionen:

50 g Reis
½ l Wasser
etwas Salz

Zubereitung:
Den Reis in einem großen Topf mit kaltem Wasser aufgießen und langsam zum Kochen bringen. Bei verschlossenem Deckel für 3 Stunden bei geringer Hitze kochen. Dabei immer wieder umrühren. Am Ende leicht salzen.

TIPP: Am besten in der Akutphase warm über den Tag verteilt essen. Das Rezept stammt aus der TCM (Traditionelle Chinesische Medizin) und ist für seine heilende, entlastende Wirkung auf den Magen und Darm bekannt.
Verschlossen kann der Reis 2–3 Tage im Kühlschrank aufbewahrt werden.

TIPP: Sie können den Reis-Congee auch mit etwas Gemüse aufwerten. Dazu eine Karotte oder ½ Fenchelknolle klein schneiden und von Beginn an dazugeben.

SUPPEN

Reis- sowie Haferschleimsuppen kennen Sie möglicherweise schon aus Ihrer Kindheit – sie wurde bereits von unseren Großmüttern bei Magenschmerzen oder nach einer Durchfallerkrankung verabreicht. Und das zu Recht. Durch langes Kochen entsteht die schleimige und weiche Konsistenz, die akute Schmerzen zu lindern verhilft.

Eine Suppe mit gut verträglichen Zutaten stillt den Hunger und tut gut. Gerne können Sie eine größere Menge kochen und sie ausgekühlt im Kühlschrank lagern. Dann haben Sie auch an den nächsten Tagen wieder eine nahrhafte Vorspeise.

HAFER- ODER REISSCHLEIMSUPPE

Zutaten für 2 Portionen:

- 2 EL Haferflocken oder Reis
- 500 ml Wasser
- Salz, vegetarische Suppenwürze (sparsam)
- evtl. Kümmel gemahlen oder Petersilie

Zubereitung:

Die Haferflocken in kaltes Wasser stellen und eine Stunde lang auf kleiner Flamme kochen.

Eventuell durch ein Sieb streichen oder pürieren.

Mit etwas Salz und Suppenwürze abschmecken.

TIPP: Sie können die Suppe durch gut verträgliches Gemüse wie Karotten, Kürbis, Knollensellerie, Zucchini oder Fenchel sowohl farblich als auch geschmacklich aufpeppen. Dazu das Gemüse putzen und klein schneiden und in den letzten 20 Minuten mitkochen lassen.

HAFERMARKSUPPE

Zutaten für 2 Portionen:

- 1–2 große Karotten
- 2 EL Hafermark
- 500 ml Wasser
- Salz, vegetarische Suppenwürze (sparsam)
- evtl. Kümmel gemahlen oder Petersilie

Zubereitung:

Karotten putzen und mit der Schale reiben. Das Wasser mit etwas Salz und Suppenwürze erhitzen. Die geriebenen Karotten mit dem Hafermark zugeben. 20 Minuten kochen, bis eine cremige Konsistenz entsteht. Mit gemahlenem Kümmel und/oder Petersilie verfeinern.

INFO: Im Vergleich zu Haferflocken ist Hafermark deutlich feiner in der Konsistenz – daher ist eine kürzere Kochzeit ausreichend.

FENCHELCREMESUPPE

Zutaten für 4 Portionen:

- 1 mittelgroße Fenchelknolle
- 2 Stück mittelgroße, mehlige Kartoffeln
- 500 ml Wasser
- Salz, Kümmel gemahlen, vegetarische Suppenwürze, Petersilie

Zubereitung:

Fenchel putzen und Kartoffeln schälen. Beides in kleine Stücke schneiden und in Salzwasser weichkochen. Mit einem Mixstab pürieren und abschmecken.

INFO: In der Phase 2 können Sie die Suppe auch mit etwas Milch zubereiten. Dazu kochen Sie den Fenchel und die Kartoffeln in 300 ml Wasser und ergänzen nach dem Pürieren die Milch. So bekommen Sie wertvolles Eiweiß in Ihre Suppe.

GEMÜSECREMESUPPE

Zutaten für 4 Portionen:

- 300 g Gemüse (Karotten, Knollensellerie, Zucchini)
- 2 Stück mittelgroße, mehlige Kartoffeln
- 500 ml Wasser
- Salz, Kümmel gemahlen, vegetarische Suppenwürze, Petersilie

Zubereitung:

Gemüse putzen und Kartoffeln schälen. Beides in kleine Stücke schneiden und in Salzwasser weichkochen. Mit einem Mixstab pürieren und mit den Gewürzen abschmecken.

TIPP: Haben Sie das Bedürfnis, etwas „Festes“ zu essen? Dann nehmen Sie vor dem Pürieren 1–2 Schöpflöffel vom gekochten Gemüse aus der Suppe und geben Sie es danach als Einlage wieder in die fertig pürierte Suppe.

INFO: Wie bei der Fenchelsuppe können Sie auch hier in Phase 2 etwas Wasser durch Milch ersetzen.

PHASE 2 – ÜBERGANG ZUR ANGEPASSTEN VOLLKOST

Ziele der Phase 2

- Verbesserung der Lebensqualität bei gleichzeitiger Erweiterung des Speiseplans
- Versorgung mit wichtigen Nährstoffen, vor allem mit Eiweiß
- Sattwerden mit größtmöglichem Genuss

MAGENFREUNDLICH IN DEN TAG

GRIESSKOCH

Zutaten für 1 Portion:

250 ml Halbfettmilch
2 EL Weizen- oder Dinkelgrieß

Zubereitung:
Milch erhitzen, Grieß hinzufügen und unter ständigem Rühren auf kleiner Stufe langsam aufkochen lassen. Nach 3–5 Minuten Kochzeit von der Herdplatte nehmen.

TIPP: Verfeinern Sie Ihr Grießkoch je nach Lust und Verträglichkeit mit:
- Zimt
- 1 TL fettarmem Kakao
- 2–3 EL Apfel- oder Beerenmus
- 1–2 Stück einer ungezuckerten Pfirsichhälfte
- 1 rohen Banane

Klingen die Beschwerden ab, können Sie die Obstsorten ab Phase 3 mit einer Handvoll Beeren (Erdbeeren, Heidelbeeren, Himbeeren) oder einem Stück rohen Obst, das Sie gut vertragen, erweitern.

TIPP: Verwenden Sie Kuhmilch oder einen Sojadrink. Dieser versorgt Sie mit Eiweiß. Alternative Pflanzendrinks wie Hafer- oder Mandeldrink sind hingegen sehr eiweißarm.
In der Akutphase kann ein Haferdrink gewählt werden, da es darum geht, die Beschwerden zu lindern. Nun ist zusätzlich die gute Eiweiß-Versorgung von Bedeutung.
Wenn Sie nicht immer selbst den Kochlöffel schwingen möchten – fertiges und zugleich ungezuckertes Apfel- und Beerenmus finden Sie in der Babyabteilung.

POLENTA MIT BEEREN I

Zutaten für 2 Portionen:

- 400 ml Halbfettmilch oder Sojadrink
- 40 g Maisgrieß
- evtl. Vanille
- 1 EL Honig
- 1–2 EL Apfel- oder Beerenmus

Zubereitung:

Milch oder Sojadrink erhitzen, Polenta hinzufügen und unter ständigem Rühren auf kleiner Stufe ca. 10 Minuten lang kochen. Etwas überkühlen lassen, mit Vanille und Honig verfeinern. Mit Apfel- oder Beerenmus servieren.

TIPP: Sie können gerne auf tiefgekühlte Beeren (vor allem bei Himbeeren und Heidelbeeren) zurückgreifen. Kochen Sie diese am Ende der 10 Minuten kurz mit auf.

BROT UND GEBÄCK MIT BELAG

Genießen Sie Weißbrot, Toastbrot, Mischbrot oder Knäckebrot belegt mit

- fettarmem Topfen/Quark
- mildem, fettarmem Käse (bis 30 % F. i. T.)
- Schinken oder kaltem Braten (mild gewürzt und fettarm zubereitet)
- Rührei oder weich gekochtem Ei.

TIPP: Getoastetes Brot ist oft besser verträglich.

INFO: Topfen/Quark, Käse, Eier, kalter Braten und Schinken versorgen Sie mit Eiweiß, welches dazu beiträgt, dass Ihre Muskelmasse erhalten bleibt.

SUPPEN UND SUPPENEINLAGEN

GOLDREGENSUPPE

Zutaten für 2 Portionen:

- 2 EL Weizengrieß
- 1 Karotte
- ½ gelbe Rübe
- 500 ml Gemüsebrühe
- Kümmel gemahlen, 1 EL gehackte Petersilie

Zubereitung:
Grieß bei niedriger Temperatur in einer Pfanne linden. Danach mit Brühe aufgießen. Die Karotte und die gelbe Rübe fein raffeln und nach dem ersten Aufkochen hinzugeben. Ca. 5 Minuten kochen lassen. Am Ende mit Kümmel und gehackter Petersilie abschmecken.

KAROTTEN-KÜRBISCREMESUPPE

Zutaten für 4 Portionen:

- 3 große Karotten
- 200 g Speisekürbis
- 300 ml Wasser
- 250 ml Halbfettmilch
- Salz, Muskatnuss gemahlen, vegetarische Suppenwürze (sparsam)

Zubereitung:
Karotten putzen und klein schneiden. Beim Kürbis die Schale und die Kerne entfernen (beim Hokkaidokürbis kann die Schale verwendet werden). Das Fruchtfleisch klein schneiden. Beides zusammen in Salzwasser weichkochen. Mit einem Mixstab pürieren, Milch hinzufügen und mit Muskatnuss und Suppenwürze abschmecken.

BROKKOLICREMESUPPE

Zutaten für 2 Portionen:

- 400 g Brokkoli (das ergibt ca. 200 g Brokkoliröschen)
- 2 große mehlige Kartoffeln
- 500 ml Wasser
- 100 ml Halbfettmilch
- Salz, Suppenwürze, Petersilie

Zubereitung:
Kartoffeln schälen und in kleine Würfel schneiden. Beim Brokkoli nur die Röschen verwenden, sie sind leichter verdaulich. Beides zusammen in Salzwasser weichkochen. Mit Suppenwürze abschmecken und dem Mixstab pürieren. Am Ende die Milch dazugeben. Beim Servieren mit etwas gehackter Petersilie garnieren.

SELBSTGEMACHTE HÜHNERSUPPE MIT NUDELN

Zutaten für 1–2 Liter Suppe:

- 2 Bio Hühnerbrüste (insg. ca. 300 g)
- 1–2 l Wasser
- 1 Pkg. Suppengemüse (Karotten, gelbe Rüben, Sellerie, Petersilienwurzel)
- 3 Lorbeerblätter
- 6 Wacholderbeeren
- 3 Neugewürz-Körner
- Salz, Petersilie, geriebener Kümmel, geriebener Muskat, evtl. Liebstöckel
- Suppennudeln nach Bedarf

Zubereitung:
Hühnerbrust mit kaltem Wasser abspülen. Wasser aufkochen und das Huhn, die Gewürze und das geputzte Wurzelgemüse hinzugeben. Suppe ca. 40 Minuten lang kochen. Zieht das Ganze danach noch mindestens 1 Stunde, verleiht es der Suppe ein feines Aroma. Suppe abseihen und gegebenenfalls mit Salz nachwürzen.

Die Karotten, die gelbe Rübe und der Sellerie eignen sich gut als Gemüseeinlage für die nächste Suppe.

Das Huhn kann ebenfalls als Suppeneinlage verwendet werden. Dazu das Fleisch in kleine Stücke schneiden.

Die Suppennudeln in der Menge Hühnersuppe, die benötigt wird, kochen.

TIPP: Die klare Suppe, die Sie nicht gleich verwenden, können Sie in Halblitergläser mit Schraubverschluss abfüllen und im Kühlschrank bis zu 7 Tagen lagern. Auf diese Weise haben Sie für einige Tage eine hervorragende Hühnersuppe ganz ohne Suppengewürz und Geschmacksverstärker vorrätig.

MARONENCREMESUPPE

Zutaten für 2 Portionen:

- 2 große, mehlige Kartoffeln
- 2 Pkg. geschälte und gegarte Maronen (200 g)
- 350 ml Wasser
- 150 ml Halbfettmilch
- evtl. Skyr für die Nocken
- Salz, Suppenwürze, Petersilie

Zubereitung:
Kartoffeln waschen, schälen und in heißem Salzwasser kochen. 1½ Packungen Maroni/Maronen dazugeben (die letzte Hälfte ist als Suppeneinlage gedacht). Das Ganze ca. 10 Minuten kochen lassen. Petersilie fein hacken und die restlichen Maronen klein schneiden. Beides dient als Suppeneinlage. Die Suppe mit Suppenwürze und Salz würzen und fein pürieren. Milch dazugeben und fertig abschmecken.

TIPP: Je nach Belieben kann man die Suppe weiter verfeinern: Frisch gehackte Petersilie verleiht der Suppe eine schöne Farbe und bereichert sie mit Vitamin C und sekundären Pflanzenstoffen. Zusätzlich kann man zum Garnieren für jeden Teller einen Löffel Skyr ausstechen und als Nocken in die Suppe geben. Das verleiht der Suppe ein schönes Aussehen und eine Extraportion Eiweiß. Allerdings schmeckt die Suppe dadurch leicht säuerlich, was nicht jedermanns Sache ist.

STOSUPPE

Zutaten für 2 Portionen:

300 ml Wasser
1 TL Kümmel ganz
Salz
200 ml Halbfettmilch
1–2 EL glattes Mehl (15 g)
evtl. altes, würfelig geschnittenes Brot oder gegarte, feste Kartoffeln

Zubereitung:
Das Wasser gemeinsam mit Salz und Kümmel ca. 10 Minuten lang kochen. Den Kümmel abseihen. Wer mag, kann ihn gerne als Suppeneinlage verwenden. Das Mehl mit der Milch glattrühren und in der Suppe aufkochen.

TIPP: Als Suppeneinlage eignen sich Brotwürfel. Mancherorts werden gerne Kartoffeln dazugegessen.

INFO: Ab Stufe 3 können Sie bei guter Verträglichkeit die Suppe gerne mit Schnittlauch und Sahne verfeinern.

VEGETARISCHE HAUPTSPEISEN

GEMÜSEREIS

Zutaten für 2 Portionen:

- 1 Tasse Parboiled-Reis
- 2–3 Handvoll Gemüse der Saison (Zucchini, Brokkoliröschen, Karotten, Spargelspitzen, Sellerie, Kürbis)
- 1 EL Olivenöl
- Salz, Kümmel gemahlen, Petersilie

Zubereitung:
Den Reis mit der 1½-fachen Menge an gesalzenem Wasser für ca. 15 Minuten weichdünsten. In der Zwischenzeit das Gemüse putzen, fein schneiden, in Olivenöl andünsten und mit Salz, Kümmel und Petersilie würzen. Den fertigen Reis unter das Gemüse mischen.

QUARKGNOCCHI

Zutaten für 2–3 Portionen:

- 250 g Magertopfen/Magerquark
- 1 Ei
- 4 EL Grieß
- 2 EL Rapsöl
- 8 EL Mehl
- Salz

Zubereitung:
Alle Zutaten glattrühren und 30 Minuten rasten lassen. Den Teig dritteln und jeweils in eine Rolle mit ca. 2 cm Durchmesser formen. Falls er klebrig ist, etwas Mehl beifügen, damit er sich gut verarbeiten lässt. Ca. 1 cm große Gnocchi formen und in Salzwasser sieden, bis sie aufschwimmen. Mit dem Siebschöpfer abseihen und weiterverarbeiten.

TIPP: Dazu passt Fenchelgemüse oder gedünstetes, gut verträgliches Gemüse wie Zucchini, Brokkoliröschen oder Karotten.

FOLIENKARTOFFELN MIT JOGHURT-QUARK-DIP

Zutaten für 2 Portionen:

2–4 große, mehlige Kartoffeln
1 EL Olivenöl
2–3 EL Naturjoghurt 1 % Fett
2 EL Topfen/Quark oder Skyr
Salz

Zubereitung:

Den Backofen auf 220 °C Umluft aufheizen. Die Kartoffeln sehr gut waschen und abtrocknen. Mit etwas Olivenöl einreiben und in Alufolie verpacken. In den Ofen schieben.

Mittelgroße Kartoffeln brauchen in etwa eine Stunde, sehr große etwas länger. Man erkennt, dass die Kartoffeln fertig sind, wenn man sie mit der Gabel ansticht. Sind sie innen schön weich, kann man sie genießen. Sind sie hingegen noch fest, dann belässt man sie noch weitere 5–15 Minuten im Ofen.

Joghurt und Skyr gut vermischen und etwas salzen.

TIPP: Für alle, die mitessen, kann man den Dip mit Schnittlauch, Radieschen, Räucherlachs und vielem mehr noch erweitern. Das gilt natürlich auch für Sie, wenn Sie zu einem späteren Zeitpunkt beschwerdefrei sind.

HAUPTSPEISEN MIT FISCH

LACHSFORELLE MIT GEMÜSE IN FOLIE

Zutaten für 2 Portionen:

- 2 Lachsforellenfilets
- 1–2 Karotten
- 1 gelbe Rübe
- 1 Zucchini
- 1 Handvoll Brokkoliröschen
- ca. 10 g Butter
- Salz

Zubereitung:

Fisch auftauen lassen, falls er tiefgefroren war. Backofen auf 180° C vorheizen.

Karotten und gelbe Rübe waschen, schälen und in feine Streifen schneiden. Zucchini und Brokkoliröschen ebenfalls waschen und klein schneiden. Die Fischfilets auf je ein großes Stück Alufolie legen und mit einem Stück Butter belegen. Das Gemüse um den Fisch herum anrichten und mit Salz würzen. Die Alufolie fest zusammenschlagen und die Pakete im Backofen etwa 20 Minuten garen.

TIPP: Vor dem Anrichten lassen Sie den Fisch am besten noch einige Minuten in der Folie ziehen. Vorsicht beim Öffnen der Folie – verbrennen Sie sich nicht!

SERVIERTIPP: Als Beilage eignen sich Bandnudeln, Kartoffeln oder Reis.

HAUPTSPEISEN MIT FLEISCH

KARTOFFEL-PUTEN-EINTOPF

Zutaten für 2 Portionen:

- ¼ Knollensellerie
- 1–2 Karotten
- 2 Kartoffeln
- 200 g Hühner- oder Putenbrust
- Salz, vegetarische Suppenwürze (sparsam)
- evtl. Kümmel gemahlen, Petersilie

Zubereitung:

Karotten, Sellerie und Kartoffeln waschen, schälen und klein würfeln. Die Hühner- bzw. Putenbrust in ca. 1 cm große Würfel schneiden. Alle Zutaten mit 500 ml Wasser aufgießen und mit den Gewürzen auf kleiner Flamme ca. 30 Minuten dünsten lassen.

SERVIERTIPP: Dazu passen Reis, Kartoffeln oder Nudeln.

BEILAGEN

KARTOFFELPÜREE

Zutaten für 2 Portionen:

- 350 g mehlige Kartoffeln
- 200 ml Halbfettmilch
- Salz, Muskatnuss

Zubereitung:
Kartoffeln weichkochen, schälen und heiß in einem Topf zerstampfen. Die restlichen Zutaten hinzufügen und unter ständigem Rühren nochmals erhitzen.

FENCHELGEMÜSE

Zutaten für 2 Portionen:

- 1 Fenchelknolle
- 1 TL Mehl
- 125 ml Gemüsebrühe
- 50 ml Halbfettmilch
- Salz, Muskatnuss gemahlen, 1 TL frisch gehackte Petersilie

Zubereitung:
Fenchel putzen, halbieren und feinblättrig schneiden. Mit Mehl stauben, kurz umrühren und mit Gemüsebrühe aufgießen. Milch dazugeben und den Fenchel weichkochen. Mit Salz und Muskat abschmecken und vor dem Servieren mit der gehackten Petersilie bestreuen.

SCHNELLES FÜR DEN ABEND ODER ZWISCHENDURCH

Natürlich möchte man nicht immer in der Küche stehen, schon gar nicht, wenn man von Schmerzen geplagt ist. Folgende Speisen sind schnell zubereitet und ebenso gut verträglich.

Einige Beispiele für kalte Speisen oder Mahlzeiten zwischendurch sind:

- Knäckebrot mit Cottage Cheese „natur“
- getoastetes Weiß- oder Toastbrot mit magerem Schinken und Käse
- Mischbrot mit kaltem Braten (mild gewürzt und fettarm zubereitet)
- mildes Naturjoghurt mit 1 TL Marmelade
- 1 Handvoll Maroni/Maronen aus der Packung (geschält und gegart)
- Grissini „natur“ mit einem mageren Frischkäseaufstrich „natur“

SCHINKENRÖLLCHEN MIT QUARKFÜLLUNG

Zutaten für 2 Portionen:

6 Scheiben Schinken
120 g Magertopfen/Quark
1 EL Joghurt 1 %
Salz

Zubereitung:

Topfen/Quark mit Joghurt glatt verrühren und mit Salz abschmecken. Die Masse auf je ein Blatt Schinken streichen und dann einrollen.

TIPP: Für alle, die mitessen, kann man auch gerne Schnittlauch oder geriebenen Kren in die Topfenmasse rühren.

DESSERTS

VANILLEPUDDING

Zutaten für 2 Portionen:

- 500 ml Halbfettmilch
- 1 Pkg. Vanille-Pudding-pulver
- 2 EL Zucker

Zubereitung:
Ca. 400 ml der Milch in einem Topf erhitzen. Die restlichen 100 ml Milch mit Puddingpulver und Zucker glattrühren. In die heiße Milch einrühren und unter ständigem Rühren aufkochen lassen. Den Pudding in Schalen fühlen und kaltstellen.

MILCHREIS

Zutaten für 2 Portionen:

- 500 ml Halbfettmilch
- 1 Prise Salz
- 120 g Rundkornreis
- ½ Pkg. Vanillezucker
- evtl. Zimt, etwas geriebene Schokolade oder Früchte

Zubereitung:
Die Milch mit Salz bei niedriger Stufe aufkochen lassen. Anschließend den Reis und Vanillezucker zur Milch geben und bei niedriger Hitze ca. 20 Minuten garen lassen, bis der Reis weich ist. Dabei gelegentlich umrühren, damit nichts anbrennt.

Je nach Geschmack mit Zimt oder etwas geriebener Schokolade bestreuen.

APFELKOMPOTT

Zutaten für 2 Portionen:

- 2 große Äpfel
- 1 Zimtstange
- 3–4 Gewürznelken

Zubereitung:
Die Äpfel in Spalten schneiden. Mit den Gewürzen in etwas Wasser dünsten. Vor dem Servieren die Gewürze entfernen.

HINWEIS: Falls Sie ein Tee-Ei zuhause haben, verpacken Sie am besten darin die Gewürze. So ersparen Sie sich den letzten Arbeitsschritt.

TIPP: Für Apfelmus pürieren Sie einfach das fertige Apfelkompott.

PHASE 3 – DIE ANGEPASSTE VOLLKOST

GUT VERSORGT IN DEN TAG STARTEN

POLENTA MIT BEEREN II

Zutaten für 2 Portionen:

- 400 ml Halbfettmilch oder Sojadrink
- 40 g Maisgrieß
- evtl. Vanille
- 1 EL Honig
- 150 g Beeren (Erdbeeren, Himbeeren, Brombeeren, Heidelbeeren)

Zubereitung:
Milch oder Sojadrink erhitzen, Polenta hinzufügen und unter ständigem Rühren auf kleiner Stufe ca. 10 Minuten lang kochen. Etwas überkühlen lassen, mit Vanille und Honig verfeinern. Mit frischen Beeren servieren.

TIPP: Sie können gerne auf tiefgekühlte Beeren (vor allem bei Himbeeren und Heidelbeeren) zurückgreifen. Kochen Sie diese am Ende der 10 Minuten kurz mit auf.

BIRCHER MÜSLI

Zutaten für 2 Portionen:

- 300 ml Halbfettmilch
- 1 EL Leinsamen
- 80 g Haferflocken
- 1–2 EL geriebene Haselnüsse oder Mandeln
- 1 großer Apfel
- 100 g frisches Obst nach Saison und Verträglichkeit
- evtl. 1 EL Honig und ein paar Walnusshälften

Zubereitung:
Haferflocken und Leinsamen am Vorabend mit Milch übergießen und im Kühlschrank quellen lassen.

In der Früh evtl. Honig und geriebene Nüsse dazugeben. (Wenn erwünscht, etwas erwärmen.) Apfel fein reiben und untermischen. In Schüsseln verteilen und mit Walnusshälften und frischem Obst garnieren.

PORRIDGE

Zutaten für 2 Portionen:

- 250 ml Halbfettmilch
- 4–5 EL (Feinblatt-) Haferflocken
- 1 TL Leinsamen
- 1 EL Honig
- 1–2 Handvoll Obst (Banane, Beeren, gereifte Kiwi) oder Dosenfrüchte

Zubereitung:
Milch erhitzen, Haferflocken und Leinsamen dazugeben und unter ständigem Rühren auf kleiner Stufe langsam aufkochen lassen. Der Brei dickt nun ein. Kurz vor dem Anrichten mit Honig süßen. Das Porridge soll dann nicht mehr zu heiß sein, ansonsten gehen die wertvollen Vitamine des Honigs verloren. Die Masse auf zwei Schüsseln aufteilen und mit dem Obst garnieren.

MÜSLI MIT JOGHURT

Zutaten für 2 Portionen:

- 500 ml Joghurt
- 4 EL (Feinblatt-) Haferflocken
- 1 EL Leinsamen
- 1–2 Handvoll frisches Obst (Banane, Beeren, gereifte Kiwi) oder Dosenfrüchte

Zubereitung:
Alle Zutaten vermischen.

HINWEIS: Leichter verdaulich ist das Müsli, wenn Sie die Flocken und Leinsamen über Nacht im Kühlschrank einweichen.

TIPP: „Müsli im Glas“. Alle Zutaten werden in ein Schraubglas verpackt. So haben Sie eine gesunde Jause für unterwegs.

HIMBEER-BANANEN-SHAKE

Zutaten für 2 Portionen:

- 500 ml Buttermilch
- 1 große, reife Banane
- 100 g Himbeeren (frisch oder tiefgekühlt)
- 2 EL Feinblatt-Haferflocken
- 1 EL Honig
- 1 Prise Zimt

Zubereitung:
Banane schälen. Himbeeren verlesen bzw. auftauen und mit der Banane, Haferflocken und Buttermilch glatt pürieren. Mit Honig und Zimtpulver würzen.

SUPPEN UND SUPPENEINLAGEN

PASTINAKENCREMESUPPE

Zutaten für 4 Portionen:

- 400 g Pastinaken
- 200 Kartoffeln mehlig kochend
- 600 ml Wasser
- 200 ml Halbfettmilch
- evtl. 50 ml Schlagobers/Sahne
- Salz, Suppenwürze, Muskatnuss, Petersilie

Zubereitung:
Pastinaken und Kartoffeln waschen, schälen und in Stücke schneiden. Mit heißem Wasser aufgießen, etwas salzen und ca. 15 Minuten weichkochen. Mit einer Prise Muskatnuss und Suppenwürze würzen, Milch ergänzen und anschließend fein pürieren. Zuletzt mit Salz und einem Schuss Schlagobers/Sahne abschmecken.

GRIESSNOCKEN

Zutaten für 10–12 Nocken:

- 80 g Weizengrieß
- 30 g Butter
- 1 Ei
- Salz, Muskat

Zubereitung:
Die weiche Butter mit dem Ei schaumig rühren. Grieß, Salz und eine Prise Muskatnuss dazugeben und 5 Minuten rasten lassen. Kleine Nocken formen, in kochendes Salzwasser einlegen und 15–20 Minuten ziehen lassen.

TIPP: Am besten die Butter zwei Stunden vorher schon abwiegen und bei Zimmertemperatur lagern, damit sie schön weich wird. Auch beim Ei ist es ideal, wenn es Zimmertemperatur hat.
Bleiben Grießnocken übrig, kann man sie gut für einen späteren Zeitpunkt einfrieren.

SÜSSKARTOFFELSUPPE

Zutaten für 2 Portionen:

- 1 große Süßkartoffel (ca. 250 g)
- 1–2 Karotten
- 2 EL Olivenöl
- 400 ml Wasser
- 100 ml Halbfettmilch
- evtl. 50 ml Schlagobers/Sahne
- Salz, Suppenwürze, 1 Lorbeerblatt, 1 Schuss Sojasauce
- evtl. Zimt oder Petersilie

Zubereitung:

Karotten waschen, bei Bedarf schälen, in Stücke schneiden und in Olivenöl andünsten. In der Zwischenzeit die Süßkartoffeln schälen, klein schneiden und ebenfalls beifügen. Mit heißem Wasser aufgießen, etwas salzen und ein Lorbeerblatt dazugeben. Alles zusammen ca. 15 Minuten weichkochen. Das Lorbeerblatt herausnehmen, mit Suppenwürze würzen, Milch ergänzen und fein pürieren. Zuletzt mit einem Schuss Sojasauce abschmecken.

TIPP: Je nach Belieben kann man die Suppe weiter verfeinern: Schlagobers/Sahne macht die Suppe sämiger, allerdings auch energiereicher und mitunter schwerer verträglich.
Frisch gehackte Petersilie verleiht der Suppe eine schöne Farbe und bereichert sie mit Vitamin C und sekundären Pflanzenstoffen.
Anstelle der Petersilie kann man beim Servieren etwas Zimt über die Suppe streuen. Das ist speziell im Winter eine schmackhafte Variante.

KAROTTEN-KÜRBIS-SÜSSKARTOFFELSUPPE

Zutaten für 4 Portionen:

- 1 große Süßkartoffel (ca. 300 g)
- 3 Karotten (ca. 200 g)
- ca. 200 g Kürbisfleisch
- 800 ml Wasser
- 200 ml Vollmilch
- Salz, Suppenwürze, 1–2 Lorbeerblätter
- Petersilie

Zubereitung:

Karotten und Kürbis waschen, bei Bedarf schälen und in Stücke schneiden. Süßkartoffel schälen, ebenfalls kleinwürfelig schneiden.

Das Gemüse für ca. 15 Minuten in gesalzenem Wasser mit 1-2 Lorbeerblättern weichkochen.

Lorbeerblätter herausgeben, mit Suppenwürze würzen, Milch ergänzen und fein pürieren.

Mit fein gehackter Petersilie bestreuen.

VEGETARISCHE HAUPTSPEISEN

POLENTATALER

Zutaten für 2 Portionen:

- 75 g Maisgrieß
- 150 ml Milch
- 200 ml Gemüsebrühe
- 20 g geriebener Parmesan
- Thymian, evtl. Salz und Pfeffer

Zubereitung:

Milch und Gemüsebrühe erhitzen und den Maisgrieß einrieseln lassen. Nach dem Aufkochen die Temperatur zurückdrehen und 15 Minuten leicht köcheln lassen. Mit Thymian würzen. Zwischendurch immer wieder umrühren.

Auf einem mit Backpapier ausgelegten Blech ca. 2 cm dick ausstreichen und auskühlen lassen. Ist die Masse kalt, mit Parmesan bestreuen. Dann entweder Ecken ausschneiden oder Formen ausstechen und bei 180° C ca. 10–15 Minuten lang backen.

SERVIERTIPP: Als Beilage eignet sich grüner Salat oder gedünstetes oder abgebratenes Gemüse.

PENNE MIT COCKTAILTOMATEN UND GRÜNEM SPARGEL

Zutaten für 2 Portionen:

- 250 g grüner Spargel
- 150 g Cocktailtomaten
- 20 g Pinienkerne
- 50 g Parmesan
- 2 EL Olivenöl
- 200 g Penne (oder andere Nudeln)
- Salz, Basilikum

Zubereitung:

Pinienkerne in einer heißen Pfanne trocken anrösten, bis sie leicht braun werden und angenehm nussig riechen. Dabei immer wieder umrühren. Spargel waschen, das untere Drittel schälen (das ist sonst holzig) und in 2 cm lange Stücke schneiden. Parmesan in kleine Stücke schneiden.

Wasser aufkochen, salzen und die Nudeln darin al dente kochen.

Das Olivenöl erhitzen und die Spargelstücke darin bei kleiner bis mittlerer Hitze 3 Minuten langsam anbraten. Mit Salz würzen. In der Zwischenzeit die Tomaten halbieren und dann für 1–2 Minuten dazugeben. Der Spargel soll gar sein, aber noch „Biss" haben.

Basilikum waschen, trocken schütteln und die Blätter grob hacken. Nudeln abgießen. Alles vermengen und mit dem Parmesan bestreut servieren.

EIERNOCKEN

Zutaten für 4 Portionen:

- 200 g Dinkelmehl
- 200 g Dinkelvollkornmehl
- ½ TL Salz
- 1 Ei
- 100 ml Milch
- 25 g Butter

Für die Eierspeise:

- 3 Eier
- 1 TL Rapsöl
- 1 TL Butter
- Salz, Petersilie

Zubereitung:

Für den Teig Butter in einem Topf zerlassen. Ei und Milch dazugeben, bis alles zusammen lauwarm ist. Das Ei-Butter-Milch-Gemisch mit Mehl und Salz zu einer weichen Masse verrühren.

Wasser aufkochen und salzen. Am einfachsten geht es, wenn man den Teig durch ein Spätzlesieb in das kochend heiße Wasser gibt. Alternativ kann man mit einem kleinen Löffel Nocken formen. Je nach Größe die Nocken in Salzwasser 4–8 Minuten kochen.

In der Zwischenzeit die übrigen Eier aufschlagen, salzen und mit gehackter Petersilie verrühren. Nocken abseihen und abschrecken. In einer beschichteten Pfanne Rapsöl und Butter erhitzen. Die Nocken sowie die Eimasse darin schwenken. Mit Salat als Beilage servieren.

TIPP: Fertige Spätzle gibt es auch vakuumverpackt ohne Konservierungs- oder Zusatzstoffe im Supermarkt zu kaufen. Ein Blick auf die Zutatenliste lohnt sich.

HAFERFLOCKEN-GEMÜSELAIBCHEN

Zutaten für 4 Portionen:

- 100 g feinblättrige Haferflocken
- 400 g Mischgemüse nach Saison (z. B. Karotten, Sellerie, Brokkoli, Karfiol, Zucchini ...)
- 1 Ei
- Semmelbrösel/Paniermehl
- 2–3 EL Rapsöl
- Salz, Pfeffer, Petersilie

Zubereitung:

Gemüse schneiden, dünsten, passieren und würzen. Die Haferflocken und das Ei untermischen. Wenn die Masse weich ist, etwas Semmelbrösel/Paniermehl untermischen. Anschließend 8 gleich große Laibchen formen und in nicht allzu heißem Fett goldgelb backen.

TIPP: Sie können die Laibchen verfeinern, indem Sie 1 EL gehackte Kürbiskerne oder Sonnenblumenkerne unter die Masse mischen.

SERVIERTIPP: Als Beilage eignen sich eine Joghurt-Sauce und grüner Salat. Für die Joghurt-Sauce vermischen Sie Joghurt mit Skyr und Sauerrahm/Schmand und würzen das Ganze mit etwas Salz.

GEMÜSEAUFLAUF

Zutaten für 2 Portionen:

- 600 g Mischgemüse nach Geschmack, Verträglichkeit und Saison (Karotten, Brokkoli, Romanesco, Karfiolröschen, Kohlrabi, Zucchini, grüner Spargel, Staudensellerie ...)
- 20 g Butter
- 20 g glattes Mehl
- ca. 150 ml Gemüsebrühe zum Aufgießen
- 1 Ei
- 1 EL Sauerrahm/Schmand
- 2 EL Joghurt 1 % Fett
- 50 g Schinken
- 50 g Mozzarella gerieben
- Salz, Zitronensaft

Zubereitung:

Gemüse putzen, in Salzwasser bissfest kochen, abseihen und abschrecken. Béchamelsauce bereiten: Das Mehl in heißer Butter anschwitzen. Gemüsebrühe unter ständigem Rühren mit dem Schneebesen beifügen, aufkochen und etwas überkühlen lassen.

In der Zwischenzeit aus dem Eiklar einen steifen Schnee schlagen. Dotter, Joghurt, Sauerrahm/Schmand und Schnee in die überkühlte Masse rühren, mit Salz und etwas Zitronensaft abschmecken. Schinken in Streifen schneiden. Das Gemüse sowie den Schinken unter die Béchamelsauce rühren. Auflaufform einfetten, die Masse einfüllen und mit geriebenem Mozzarella bestreuen.

Bei 180° C ca. 30 Minuten lang backen.

SERVIERTIPP: Dazu passt grüner Salat.

HAUPTSPEISEN MIT FISCH

LACHS AUS DEM BACKOFEN

Zutaten für 2 Portionen:

- 2–3 Bio-Lachsfilets
- 500 g Kartoffeln
- 450 g Blattspinat (TK)
- 1 unbehandelte Zitrone
- 100 ml Gemüsebrühe
- 50 ml Schlagobers/Sahne
- 1 EL Olivenöl
- 1 EL Butter
- Salz

Zubereitung:

Lachs auftauen lassen. Die Kartoffeln waschen, bissfest kochen und schälen. Den Backofen auf 200° C vorheizen. Eine Auflaufform mit Olivenöl ausfetten. Die geschälten Kartoffeln mit einem Kartoffelstampfer zerstampfen oder mit einer Gabel zerdrücken und in der Auflaufform gleichmäßig verteilen. Darauf wird nun der Blattspinat verteilt. (Wenn es kleine Stücke sind, kann er noch tiefgekühlt sein.) Danach wird klare Gemüsebrühe mit Obers/Sahne in einer Schüssel verrührt und darübergegossen. Die Lachsfilets mit einem Küchenpapier trocken tupfen, salzen und ebenfalls in die Auflaufform legen. Jedes Filet wird mit zwei Stück Zitronenscheiben belegt.

Noch ein paar Butterflocken über den Lachs verteilen und für 20 Minuten in den Ofen geben.

LACHS MIT BANDNUDELN UND BROKKOLI

Zutaten für 2 Portionen:

- 2 Bio-Lachsfilets
- 200 g Brokkoli
- 2 EL Olivenöl
- 200 g Bandnudeln
- Salz

Zubereitung:

Lachs in Stücke teilen und in Olivenöl in einer großen beschichteten Pfanne sanft anbraten. Brokkoliröschen dazugeben und beides erst jetzt salzen. So bleibt vor allem der Fisch saftig. Beides für ca. 10 Minuten dünsten. In der Zwischenzeit die Bandnudeln kochen und abseihen. Alles gemeinsam vermischen.

GEBRATENER SAIBLING MIT KÜRBISGEMÜSE UND KARTOFFELN

Zutaten für 2 Portionen:

- 2 Saiblingsfilets
- 2 EL Olivenöl
- 4–6 Stück mittelgroße, festkochende Kartoffeln
- 500 g Muskat- oder Butternusskürbis
- 1–2 EL Rapsöl
- Salz, Kümmel ganz, ein Schuss Essig

Zubereitung:

Kartoffeln in wenig Wasser weichdünsten. Den Kürbis schälen und mit einer Kastenreibe grob reiben. In einem Topf das Rapsöl erhitzen, den Kürbis bei geringer Hitze anbraten. Mit Salz und ganzem Kümmel würzen, einem Schuss Essig ablöschen und ca. 2 EL Wasser aufgießen (sodass nichts im Topf anbrennt). Das Kürbisgemüse ca. 10–15 Minuten bei geringer Hitze dünsten.

In der Zwischenzeit das Saiblingsfilet salzen und bei geringer Hitze in einer flachen, beschichteten Pfanne in Olivenöl braten. Die geringe Hitze sorgt nicht nur für die bessere Verträglichkeit, dadurch bleibt der Fisch auch schön saftig. Die weich gedünsteten Kartoffeln schälen, zum Fisch geben und mit Salz abschmecken.

HAUPTSPEISEN MIT FLEISCH

GEBRATENES HÜHNERFILET MIT REIS UND GEMÜSE

Zutaten für 2 Portionen:

- 300 g Bio-Hühnerfilet
- Salz
- etwas Rapsöl
- 70 g Reis parboiled
- 300 g gut verträgliches Gemüse: Karotten, Zucchini, Brokkoli, Kohlrabi, Romanesco, Karfiolröschen, Zuckerschoten …
- 1 Schuss Schlagobers/Sahne oder Sojasauce

Zubereitung:

Reis in Salzwasser zustellen und 15 Minuten dünsten lassen. In der Zwischenzeit das Gemüse putzen und in gleich große Stücke teilen. Das Hühnerfleisch in etwa 1 cm große Stücke schneiden und in Rapsöl in einer beschichteten Pfanne anbraten. Sobald das Fleisch eine gute Farbe angenommen hat, das Gemüse dazugeben, etwas salzen und mit wenig Wasser aufgießen, damit nichts anbrennt. Je nach Geschmacksvorliebe mit etwas Obers und Petersilie oder mit etwas Sojasauce abschmecken. Den fertig gegarten Reis untermischen.

KALBSROULADEN MIT SPINAT-MOZZARELLA-FÜLLUNG

Zutaten für 4 Portionen:

- 4 Kalbsschnitzel (à 150 g)
- 125 g Mozzarella
- 300 g Blattspinat tiefgekühlt
- 1 EL Butter
- 2 EL Rapsöl
- Salz, Kümmel gemahlen, Thymian, Muskatnuss
- 150 ml Rindsuppe zum Aufgießen

Zubereitung:

Die Butter erwärmen und den Spinat darin schonend auftauen und kurz andünsten. Mit Salz und etwas Muskatnuss würzen. Mozzarella in Streifen schneiden. Schnitzel salzen. Den Spinat und den Mozzarella auf den Schnitzeln verteilen, mit den Kräutern bestreuen und einrollen. Die Rouladen zusammenbinden, in Öl vorsichtig anbraten und mit Rindssuppe aufgießen. Zugedeckt weichdünsten.

SERVIERTIPP: Als Beilage eignen sich Nudeln, Reis, Kartoffeln, Nocken oder Kartoffelpüree.

GEKOCHTER TAFELSPITZ MIT KARTOFFELN UND CREMESPINAT

Zutaten für 4 Portionen:

Für den Tafelspitz:

- 800 g Tafelspitz (Schwanzstück vom Rind)
- Rindfleischknochen
- 1 Pkg. Wurzelwerk (Karotten, Knollensellerie, gelbe Rübe, Petersilienwurzel, Lauch/Porree, Zwiebel, grüne Petersilie)
- 1 EL Rapsöl
- Salz, 5 Pfefferkörner, 5 Wacholderbeeren, 3 Piment-Körner, 3 Lorbeerblätter, Muskatnuss

Für die Salzkartoffeln:

- 800 g Kartoffeln (ca. 10–12 Stk.)
- Salz

Für den Spinat:

- 1 Pkg. passierter Spinat tiefgefroren
- etwas Milch
- evtl. Salz, Muskatnuss

Zubereitung:

Ca. 2 l Wasser aufkochen. Fleisch und Knochen ins kochende Wasser legen und die Gewürze dazugeben. Hitze reduzieren und das Fleisch für ca. 2–3 Stunden schwach wallend kochen. Bei zu viel Hitze wird die Suppe trüb und das Fleisch trocknet aus. Das Fleisch sollte während der gesamten Kochzeit mit Flüssigkeit bedeckt sein. Den entstehenden Schaum ständig abschöpfen.

Ca. 45 Minuten vor Garende mit den anderen Beilagen beginnen: Kartoffeln dünsten. Das Wurzelwerk putzen, eventuell schälen und in die Suppe geben. Weitere 40 Minuten garen. Spinat in einem Topf bei geringer Hitze auftauen, mit etwas Milch, Salz und Muskatnuss verfeinern und kurz aufkochen lassen. Fertig gedünstete Kartoffeln schälen, achteln und salzen. Tafelspitz in feine Scheiben schneiden.

TIPP: Die Suppe mit dem Gemüse können Sie gleich als kräftige Rindsuppe weiterverwenden.

BEILAGEN

KARTOFFEL-VOGERLSALAT

Zutaten für 2 Portionen:

- 3 mittelgroße, festkochende Kartoffeln (ca. 200 g)
- 1–2 Handvoll Vogerl-/Feldsalat (ca. 70 g)

Für die Marinade:

- 1 TL Zucker, 1 TL Senf, Salz, 2–3 EL weißer Balsamicoessig
- 1 TL Raps-, Oliven- oder Kernöl

Zubereitung:

Kartoffeln in der Schale ca. 30 Minuten lang in wenig Wasser weichkochen. Für die Marinade alle Zutaten vermischen. Vogerl-/Feldsalat waschen. Gekochte Kartoffeln schälen und in Scheiben schneiden. Im Idealfall noch warm marinieren, dann schmecken die Kartoffeln intensiver.

Wenn die Kartoffeln etwas ausgekühlt sind, den Vogerlsalat untermischen. Gegebenenfalls noch etwas mit dem Lieblingsessig marinieren. Am Ende entweder etwas Raps-, Oliven- oder Kernöl dazugeben.

TIPP: Vertragen Sie Radieschen? Falls ja, geben einige Radieschen dem Salat eine würzige Note und einen netten Farbfleck.

NOCKEN

Zutaten für 6 Portionen:

- 300 g Dinkelmehl
- 1 TL Salz
- 2 Eier
- 200 ml Halbfettmilch
- 50 g Butter

Zubereitung:

Butter in einem Topf zerlassen. Eier und Milch dazugeben, bis alles lauwarm ist. Alle Teigzutaten zu einer weichen Masse verrühren. Wasser aufkochen und salzen.

Den Teig entweder durch ein Spätzlesieb in das kochend heiße Wasser geben, oder alternativ mit einem kleinen Löffel Nocken formen und diese dann ins Wasser geben. Je nach Größe der Nocken in Salzwasser 4–8 Minuten kochen. Nocken abseihen und abschrecken.

TIPP: Nocken schmecken als Beilage zu Majoranfleisch oder Kalbsrouladen.
Ist die Nockenmenge zu groß, kann man die übrige Menge gut einfrieren und hat zu einem späteren Zeitpunkt eine Beilage parat. Diese lässt man dann auftauen und gibt sie vor der Weiterverarbeitung für 1 Minute in kochend heißes Salzwasser.

KAROTTENSALAT MIT JOGHURT-DRESSING

Zutaten für 2 Portionen:

- 500 g Karotten
- 250 g Joghurt
- 1 EL Olivenöl
- Salz

Zubereitung:
Karotten schälen und mittelfein raspeln. In einer beschichteten Pfanne Öl erhitzen und die Karottenraspeln dazugeben. Bei niedriger bis mittlerer Hitze ca. 10 Minuten lang zugedeckt dünsten, bis sie gar sind. Dabei gelegentlich umrühren. Von der Kochstelle nehmen und abkühlen lassen. Joghurt mit Salz mischen und unter die Karotten heben.

ROTE-BETE-SALAT

Zutaten für 2 Portionen:

- 400 g Rote Rüben/Bete (vorgekocht und vakuumverpackt)
- Weißwein- oder Balsamicoessig
- 1 TL Kristallzucker
- 1 TL Rapsöl
- Salz, Kümmel gemahlen

Zubereitung:
Die Rüben aus der Verpackung waschen und mit einer Kastenreibe feinblättrig reiben. Eine Marinade aus Salz, Zucker, Kümmel, Essig und Öl zubereiten und über die Roten Rüben/Bete gießen. Mindestens 15 Minuten lang ziehen lassen.

KARTOFFELN „DUCHESSE“

Zutaten für 4 Portionen:

- 600 g mehlige Kartoffeln
- 1 Ei
- 40 g weiche Butter
- Salz, Muskatnuss

Zubereitung:

Kartoffeln waschen, schälen und in kleine Stücke schneiden. In leicht gesalzenem Wasser kochen, etwas überkühlen lassen und durch die Kartoffelpresse drücken oder mit einem Kartoffelstampfer zerdrücken. Aus dem Eiklar einen steifen Schnee schlagen.

Aus der Butter und dem Dotter einen Abtrieb herstellen. Diesen zu den überkühlten Kartoffeln geben und mit Salz und Muskatnuss würzen. Zuletzt den Eischnee unterheben.

Den Backofen auf 180° C Heißluft (oder 200° C Ober-Unterhitze) aufheizen. Die Masse in einen Spritzsack füllen und die Pommes Duchesse direkt auf ein mit Backpapier belegtes Backblech spritzen. Im vorgeheizten Backofen für 20–30 Minuten goldbraun backen.

SEMMELKNÖDEL

Zutaten für 4 Portionen:

- 150 g Semmelwürfel oder trockene Grahamweckerl
- 1 Ei
- 100 ml Halbfettmilch
- ½ Zwiebel
- 1 EL Rapsöl
- 2 EL Vollkornmehl
- 1 EL Semmelbrösel/Paniermehl
- Salz, Petersilie, Muskat gemahlen, Kümmel gemahlen

Zubereitung:

Die Milch mit dem Ei verrühren und über die Semmelwürfel gießen. Zwiebeln klein schneiden, in Rapsöl goldgelb anrösten und gemeinsam mit den Gewürzen zur Masse geben. Anschließend die Masse gut durchrühren und zugedeckt ziehen lassen. Das Mehl und die Semmelbrösel/Paniermehl erst jetzt dazugeben und sämtliche Zutaten nochmals gut durchmischen. Knödel formen und in Salzwasser gar ziehen.

TIPP: Bereiten Sie durchaus etwas mehr Knödeln zu – Sie können diese später z. B. in Form von gerösteten Knödeln wiederverwenden und sparen dadurch Zeit beim Kochen.
Eine lohnenswerte Alternative zu Semmelwürfeln sind altgebackene, klein geschnittene Grahamweckerl.

DESSERTS UND SÜSSES

ZUCCHINI-GUGELHUPF

Zutaten für 1 Gugelhupfform (16 Portionen):

- 3 Eier
- 200 g Zucker
- 80 g Rapsöl
- 80 g Joghurt 1%
- 200 g Dinkel- oder Weizenmehl
- 100 g Vollkornmehl
- 300 g Zucchini
- 150 g geriebene Haselnüsse
- 1 Pkg. Backpulver
- Zimt, Staubzucker/Puderzucker

Zubereitung:
Zucchini raspeln und mit dem Mehl, Haselnüssen, Backpulver und Zimt vermischen. Eier und Zucker schaumig rühren. Während des Rührens nach und nach das Öl sowie das Joghurt beifügen. Die restlichen Trockenzutaten unterheben und bei 170° C ca. 60 Minuten lang backen. Überkühlen lassen, stürzen und mit Staubzucker anzuckern.

TIPP: Anstelle von Zucchini können auch Karotten (evtl. gemeinsam mit einem Apfel) verwendet werden.

ERDBEER-QUARKCREME

Zutaten für 4 Portionen:

- 400 g Topfen/Quark, 20 % F.i.T.
- 400 g Joghurt 1 % Fett
- 2–3 EL Staubzucker/Puderzucker
- 250 g frische Erdbeeren
- evtl. 1 EL gehackte Pistazien
- Saft von 1 Zitrone
- Zitronenmelisse zum Garnieren

Zubereitung:
Topfen/Quark mit Staubzucker mischen, Joghurt unterrühren. Zitrone auspressen und dazugeben. Erdbeeren waschen und kleinschneiden. Erdbeeren unter die Creme mischen. In kleine Schüssel füllen und mit Erdbeeren, gehackten Pistazien und Zitronenmelisse garnieren.

TIPP: Es können genauso gut andere Beeren (Himbeeren oder Heidelbeeren) verwendet werden. Außerhalb der Beerensaison eignen sich heiße Himbeeren (welche tiefgefroren waren) oder ein Kompott mit verträglichem Obst.

QUARKTORTE OHNE BODEN

Zutaten für 1 Springform mit 26 cm Durchmesser (16 Portionen):

- 1 kg Topfen/Quark
- 250 g Zucker
- 100 g weiche Butter
- 2 Pkg. Vanille-Puddingpulver
- 6 Eier
- 1 TL Backpulver
- evtl. geriebene Zitronenschale
- evtl. 200 g Himbeeren, Heidelbeeren oder Brombeeren
- Salz
- Butter für die Form

Zubereitung:
Eier trennen. Das Eiklar mit einer Prise Salz steif schlagen. Die weiche Butter mit dem Zucker schaumig rühren. Nach und nach die Dotter sowie die restlichen Zutaten dazugeben. In eine befettete Springform geben und bei 170° C Heißluft ca. 1 Stunde lang backen. Damit die Torte nicht in sich zusammenfällt, noch für eine weitere Stunde im warmen Ofen belassen.

TIPP: Die Masse ist für eine große Tortenform berechnet. Benötigen Sie weniger, dividieren Sie die Menge einfach durch zwei. Verwenden Sie eine kleinere Springform und verringern Sie die Backzeit auf 45 Minuten.
Beeren verleihen der Torte eine angenehme Säure. Vielleicht haben Sie noch Himbeeren, Brombeeren oder Heidelbeeren vom letzten Sommer eingefroren?
Die Torte schmeckt sowohl warm als auch kalt. Was nicht gleich gegessen wird, kommt in den Kühlschrank. So können Sie auch in den nächsten Tagen ein Stück genießen.

QUARK-HIMBEER-GUGELHUPF

Zutaten für 1 Gugelhupfform (16 Portionen):

- 200 g weiche Butter
- 180 g Staubzucker/Puderzucker
- 5 Eier
- 250 g Topfen/Quark (20 % F. i. T.)
- 300 g glattes Mehl
- 2 TL Backpulver
- 150 g Himbeeren
- 1 Bio-Zitrone
- Butter, Semmelbrösel/Paniermehl, Staubzucker

Zubereitung:
Backofen auf 180° C (Heißluft) vorheizen. Gugelhupfform mit Butter einstreichen und mit Bröseln/Paniermehl ausstreuen. Zitronen reiben – es wird die Schale benötigt. Weiche Butter und Staubzucker ca. 5 Minuten lang schaumig rühren. Nach und nach die Eier einzeln unterrühren. Topfen/Quark untermischen. Mehl, Backpulver und die Zitronenschale einrühren. Zuletzt die Himbeeren mit dem Schneebesen unterheben. Die Masse in die Form füllen und im Ofen ca. 50 Minuten lang backen.

Herausnehmen und 10 Minuten überkühlen lassen. Den Gugelhupf aus der Form stürzen und auskühlen lassen. Mit Staubzucker bestreut servieren.

HEIDELBEER-MUFFINS

Zutaten für 12 Muffins:

100 g Butter
1 Ei
90 g Zucker
70 g Weizenmehl glatt
30 g Vollkornmehl
2 TL Backpulver
100 g Heidelbeeren

Zubereitung:
Weiche Butter, Ei und Zucker schaumig rühren. Die restlichen Zutaten unterheben, in Muffin-Formen füllen und bei 180° C (Heißluft) backen.

TIPP: Anstelle von Heidelbeeren können auch Himbeeren verwendet werden.

FEINES AM ABEND

TOMATEN MIT MOZZARELLA UND AVOCADO

Zutaten für 2 Portionen:

250 g Mozzarella
4 Tomaten oder 200 g Cocktailtomaten
½ Avocado
Salz, Balsamicoessig, Olivenöl, Basilikumblätter
bei guter Verträglichkeit auch: Oliven, Radieschen, rote Zwiebel fein geschnitten

Zubereitung:
Mozzarella aus der Verpackung nehmen, Flüssigkeit entleeren und in dünne Scheiben schneiden. Tomaten waschen und ebenfalls in dünne Scheiben schneiden. Avocado halbieren, schälen und Kern entfernen. Auch diese in dünne Scheiben schneiden. 2 Teller mit Mozzarella, Avocado und Tomaten belegen, salzen und mit Balsamicoessig sowie Olivenöl marinieren. Mit frischen Basilikumblättern garnieren.

SERVIERTIPP: Dazu passt ein Stück Mischbrot, Ciabatta oder Baguette.
Bei guter Verträglichkeit kann man den Teller mit Oliven, geschnittenen Radieschen oder in feine Scheiben geschnittenen roten Zwiebeln ergänzen.

SCHINKEN-KÄSE-TOAST „DOPPELDECKER"

Zutaten für 2 Portionen:

6 Scheiben Toastbrot oder Vollkorntoastbrot
4 Blatt Bio-Schinken (ca. 100 g)
4 Blatt Emmentalerkäse oder Toastkäse

Zubereitung:
Die Toastbrote im Sandwich-Toaster vortoasten. Einen Doppeldecker belegen: Toastbrot – Schinken – Käse – Toastbrot – Schinken – Käse – Toastbrot. Diesen nochmals für ca. 5 Minuten toasten, bis der Käse zerschmilzt.

SERVIERTIPP: Damit der Käse gut zerrinnt, sind im Toastkäse Schmelzsalze zugesetzt. Will man möglichst wenig Zusatzstoffe, kann man auch auf herkömmliche Käsescheiben zurückgreifen. Alternativ gibt es mittlerweile auch Toastkäse ohne Zusatzstoffe.

GEBRATENE MARONEN MIT BRAT- UND SÜSSKARTOFFELN

Zutaten für 2 Portionen:

- 10–20 Maronen
- 1–2 festkochende Kartoffeln
- 1–2 Süßkartoffeln
- 4 EL Skyr oder Joghurt
- 4 EL Sauerrahm/Schmand

Zubereitung:

Für die Maronen:
Maronen ca. eine halbe Stunde vor dem Backen einschneiden (entweder einmal quer oder kreuzweise) und in eine Schüssel mit Wasser legen. Backofen auf 200° C (Heißluft) vorheizen und eine Schüssel Wasser in den Ofen stellen. Am besten ein Backpapier auf das Backblech legen.

Maronen mit der Schnittfläche nach oben auf das Backpapier legen und ca. für 20–25 Minuten in den Backofen geben. Zum Auskühlen für 5 Minuten in ein feuchtes Geschirrtuch einschlagen. Dadurch lassen sie sich mitunter leichter schälen. Vorsicht – die Maronen färben ab. Schälen und genießen.

Für die Bratkartoffeln mit Dip:
Kartoffeln waschen und in dünne Scheiben (ca. 5 mm dick) schneiden. Süßkartoffeln schälen und ebenfalls in dünne Scheiben schneiden. Nebeneinander auf ein mit Backpapier ausgelegtes Blech legen. Die Kartoffeln eventuell etwas salzen. Für 20 Minuten in den Ofen bei 200° C Heißluft geben.

Für den Dip Skyr/Joghurt und den Sauerrahm/Schmand vermischen und mit Salz abschmecken.

PHASE 4 – DIE DAUERERNÄHRUNG

Wir möchten Sie ermutigen, den Speiseplan zu erweitern. Hier finden Sie einerseits „deftigere" Hausmannskost und zugleich bewusst Rezepte mit Zwiebeln, Knoblauch (diese sind in gedünsteter Form meist besser verträglich als roh) sowie mit Hülsenfrüchten. Diese Zutaten haben Sie möglicherweise bisher gemieden, jedoch stecken viele wertvolle Vitalstoffe (vor allem Ballaststoffe und sekundäre Pflanzenstoffe) in ihnen. Wie wir bereits erwähnt haben: Alles, was gut vertragen wird, ist erlaubt.

GUT VERSORGT IN DEN TAG STARTEN

PANCAKES

Zutaten für 2 Portionen:

- 2 Eier
- 150 ml Milch
- 150 g Mehl (evtl. 100 g Weizenmehl, 50 g Vollkornmehl)
- 1 TL Backpulver
- 1 Prise Salz
- 1 EL Zucker
- Butter oder Haselnussöl für die Pfanne
- evtl. Staubzucker/Puderzucker zum Bestreuen
- Beeren, Apfelmus oder pürierte Pfirsichspalten

Zubereitung:

Mehl, Backpulver und 1 EL Zucker vermischen. Eier trennen. Das Eiklar mit einer Prise Salz zu Schnee schlagen. Dotter und Milch verrühren. Alle Teigzutaten zu einem glatten Teig vermengen.

Etwas Butter oder Haselnussöl in eine beschichtete Pfanne geben und auf mittlerer Stufe erhitzen. Vorsicht, es darf nicht zu heiß werden! Einen halben Schöpfer Teig in die Pfanne geben. Ein Pancake hat einen Durchmesser von ca. 10 cm. Jeden Pancake ca. 2 Minuten ausbacken, bis sich kleine Bläschen bilden. Dann wenden und von der anderen Seite backen, bis sie leicht bräunlich sind.

Die fertigen Pancakes mit ein wenig Staubzucker anzuckern und servieren. Besonders gut schmecken sie mit Apfelmus, frischen Beeren oder pürierten Pfirsichspalten.

TIPP: Möchten Sie alle Pancakes gemeinsam servieren, heizen Sie den Backofen auf 70° C vor und geben Sie die fertigen Pancakes in den Ofen, bis alle zum Verzehr bereit sind.
Sie können die Pancakes zum Frühstück auch mit etwas Marmelade oder pikant mit einem Aufstrich genießen.
Pancakes klingen für manch einen deftig – das gilt nur bedingt. In einer beschichteten Pfanne können Sie einiges an Fett einsparen!

SUPPEN UND SUPPENEINLAGEN

ROTE LINSENSUPPE

Zutaten für 4 Portionen:

- 1 EL Olivenöl
- ½ Zwiebel
- 2 Karotten
- 8 EL rote Linsen getrocknet
- 1 TL Suppenpulver vegetarisch
- 1 TL Paprikapulver edelsüß
- ⅛ l Halbfettmilch
- ca. 750 ml Wasser
- Salz, (evtl. Pfeffer) Zitronensaft, etwas Petersilie

Zubereitung:
Zwiebeln und Karotten schälen, grob zerteilen und in Olivenöl andünsten. Paprikapulver kurz mitrösten und mit heißem Wasser aufgießen. Linsen hinzufügen und weichkochen (dauert ca. 15 Minuten). Wenn die Linsen weich sind, den Topf vom Feuer nehmen. Unter Zugabe von Milch mit dem Mixstab pürieren. Die Suppe mit Salz (evtl. Pfeffer) und Suppenpulver würzen. Zum Schluss mit Zitronensaft und etwas frischer Petersilie verfeinern.

FRITTATEN

Zutaten für 4 Portionen:

- 120 g Mehl
- 250 ml Milch
- 1 Ei
- Salz
- Rapsöl

Zubereitung:
Das Ei mit der Milch versprudeln und das Mehl mit Salz dazugeben. In einer beschichteten Pfanne etwas Öl erhitzen. Einen Schöpfer Teig in die Pfannenmitte gießen und durch Drehen gleichmäßig verteilen, sodass der Boden dünn mit Teig bedeckt ist. Beiderseits goldgelb backen. Etwas überkühlt in dünne Streifen schneiden.

TIPP: Übrige Frittaten lassen sich gut einfrieren. So haben Sie zu einem späteren Zeitpunkt eine schnelle Suppeneinlage parat.

KÄSERÖSTSCHNITTEN

Zutaten für 4 Portionen:

- 30 g Butter
- 1 Ei
- 100 g geriebener Emmentaler
- 4 Scheiben Toastbrot oder 2 Semmeln oder 3–4 Scheiben Brot
- Salz, Muskatnuss, evtl. Pfeffer, evtl. Paprikapulver

Zubereitung:

Backofen auf 180° C (Heißluft) vorheizen. Die weiche Butter wird flaumig gerührt. Das Ei, den Käse, Muskatnuss und Salz hinzugeben. Die Masse auf das Toastbrot streichen und für 10–15 Minuten im Ofen backen. Die Käseröstschnitten sind fertig, wenn sie eine schöne, braune Farbe haben.

TIPP: Erst unmittelbar vor dem Essen in die Suppe geben, sonst weichen die Käseröstschnitten zu sehr auf.
Für andere Familienmitglieder, die keine Probleme mit dem Magen haben, kann man vor dem Backen noch etwas Pfeffer und Paprikapulver auf die Masse streichen. Das gilt natürlich auch für Sie, wenn Sie die beiden Gewürze gut vertragen.

VEGETARISCHE HAUPTSPEISEN

GRATINIERTE ZUCCHINI

Zutaten für 2 Portionen:

- 1 kleine Zucchini
- 6 Tomaten oder 1 Dose Tomatensauce
- 1 Zwiebel
- 1–2 Knoblauchzehen
- 2 EL Olivenöl
- 20 g Butter
- 20 g Parmesan
- 50 g Emmentaler
- 1 Ei
- 40 g Semmelbrösel/Paniermehl
- 1–2 EL Joghurt 1 % Fett
- Salz, Pfeffer, Basilikum, Petersilie, Kräuter der Provence, evtl. Kapern

Zubereitung:
Die Tomaten blanchieren, schälen und in Würfeln schneiden. Alternativ sind auch Tomatenstücke oder Tomatensauce aus der Dose in Ordnung. Zwiebel und Knoblauch schälen und fein hacken. In einer beschichteten Pfanne das Olivenöl erhitzen, die Zwiebel und den Knoblauch darin glasig anrösten. Dann die Tomaten beifügen, mit Salz und italienischen Kräutern würzen und ebenfalls etwas andünsten lassen.

Die Zucchini waschen, die Stängel entfernen und in Scheiben schneiden. Die Schnittflächen salzen. Die weiche Butter mit dem Ei schaumig rühren. Petersilie und Basilikum fein hacken. Käse reiben. Den geriebenen Käse, die Brösel, Joghurt und Gewürze dem Butter-Ei-Gemisch beifügen. Die Masse auf der Zucchini verteilen.

Eine feuerfeste Form ausfetten. Darin das Tomatengemisch verteilen und die Zucchini daraufsetzen. Vorerst zugedeckt ca. eine halbe Stunde bei 160° C (Heißluft) im Ofen garen. Dann abdecken und ca. 10–20 Minuten weitergaren, damit der Käse goldbraun wird. Anrichten und evtl. mit einigen Kapern ergänzen.

WOK MIT TOFU

Zutaten für 2 Portionen:

- 200 g Tofu
- Salz
- 2 EL Erdnuss- oder Rapsöl
- 300 g gut verträgliches Gemüse: Karotten, Brokkoli, Endiviensalat, Zuckerschoten, Sojasprossen, Austernpilze …
- einige Erdnüsse
- etwas Sojasauce

Zubereitung:
Gemüse putzen und in gleich große Stücke teilen. Den Tofu in etwa 1 cm große Stücke schneiden. Das Öl in einer beschichteten Pfanne erhitzen und das Gemüse abbraten. Den Tofu sowie einige Erdnüsse dazugeben und mitbraten. Mit etwas Sojasauce oder Shiro Miso abschmecken.

TIPP: Als Beilage eignen sich Reis oder gebratene Nudeln.

BROKKOLI-LAIBCHEN MIT SCHNITTLAUCHSAUCE UND APFELKREN

Zutaten für 2 Portionen:

- ½ Brokkoli
- 1 Eigelb
- 1 EL Sauerrahm/Schmand
- 30 g Emmentaler gerieben
- Semmelbrösel/Paniermehl nach Bedarf
- 1–2 EL Rapsöl
- Salz

Für die Schnittlauchsauce:

- ½ Becher Joghurt
- 1 EL Sauerrahm/Schmand
- Salz, Pfeffer, ½ TL Senf, ½ TL Zucker, etwas Zitronensaft

Für den Apfelkren:

- 1 Apfel
- ½ EL Kren/Meerrettich gerieben
- 50 ml Sauerrahm/Schmand
- ½ EL Zitronensaft
- Salz, evtl. etwas Pfeffer

Zubereitung:

Brokkoli waschen, in Röschen teilen und in Salzwasser weichkochen. Abseihen, mit einer Gabel zerdrücken und überkühlen lassen. Eigelb und Sauerrahm verrühren und zum Brokkoli geben. Käse, Salz sowie Semmelbrösel dazumischen. Es soll eine gut formbare Masse entstehen. Ein paar Minuten ziehen lassen, damit die Brösel quellen können.

Aus der Masse 4 oder 6 Laibchen formen, in Brösel wälzen und in heißem Öl herausbraten. Für die Schnittlauchsauce den Schnittlauch fein hacken und alle Zutaten verrühren. Für den Apfelkren den Apfel schälen und grob reiben. Kren reißen. Alle Zutaten miteinander vermischen.

TOMATENREIS

Zutaten für 4 Portionen:

- 1 Tasse Parboiled-Reis
- 1 kleine Zwiebel
- 1 kleine Knoblauchzehe
- 2 EL Olivenöl
- 1 Zucchini
- 1 Dose Tomatensauce
- 1 Handvoll Parmesan-Flakes oder Pecorino
- Salz, Kräuter der Provence, Basilikumblätter
- wenn gut verträglich: einige Oliven und Kapern

Zubereitung:

Den Reis mit der 1½-fachen Menge an gesalzenem Wasser für ca. 15 Minuten weichdünsten. Zwiebel und Knoblauch schälen, klein schneiden und in Olivenöl andünsten. Zucchini fein schneiden und kurz mitdünsten. Mit Salz und Kräutern der Provence würzen und mit Tomatensauce aufgießen. Ungefähr 5 Minuten leicht köcheln lassen. Den fertigen Reis mit dem Tomatensugo vermischen. Auf Tellern servieren. Mit einigen Basilikumblättern sowie klein geschnittenem Pecorino oder den Parmesan-Flakes bestreuen.

KASPRESSKNÖDEL

Zutaten für 4 Portionen:

- 150 g Semmelwürfel
- 2 Eier
- 220 ml Milch
- 150 g würziger Hartkäse (z. B. Bergkäse, Appenzeller oder Walserstolz)
- 1 Zwiebel
- 2 mittelgroße Kartoffeln (ca. 200 g)
- ca. 5 EL Semmelbrösel/Paniermehl
- Salz, Pfeffer, Muskatnuss, Petersilie
- 2–3 EL Rapsöl

Zubereitung:

Kartoffeln kochen. Milch mit Eiern versprudeln und über die Semmelwürfel gießen. Die Zwiebel schälen, fein schneiden, in etwas Öl hell anschwitzen und zur restlichen Masse geben. Käse würfelig schneiden, Petersilie fein hacken und ebenso hinzufügen. Gekochte Kartoffeln schälen, reiben und unter die Masse mengen. Ist die Masse sehr weich, kommen noch Semmelbrösel/Paniermehl dazu.

Öl in einer beschichteten Pfanne erhitzen. Mit leicht angefeuchteten Händen aus der Masse 8 Laibchen formen und goldgelb anbraten.

TIPP: Kaspressknödel schmecken mit Salat. Ebenso kann man sie als Suppeneinlage verwenden.

PFANNKUCHEN TRICOLORE

Zutaten für 2 Portionen:

- 60 g Dinkel- oder Weizenmehl
- 60 g Vollkornmehl
- 250 ml Halbfettmilch
- 1 Ei
- Salz
- 2 EL Rapsöl
- 200 g Blattspinat tiefgekühlt
- ½ Dose gewürfelte Tomaten
- 1 Zwiebel
- 1–2 Knoblauchzehen
- 50 g Frischkäse 45 % F. i. T.
- 2 EL geriebener Emmentaler
- Salz, Pfeffer, Kräuter der Provence
- 1 EL Olivenöl

Zubereitung:

Milch mit Eiern und Salz gut versprudeln, Mehl unterrühren und ca. 10 Minuten stehen lassen. Inzwischen Tomatensauce zubereiten: ½ Zwiebel klein schneiden, in 1 EL Olivenöl glasig anlaufen lassen, Tomatensauce beigeben, mit Salz und Kräutern der Provence würzen und kurz dünsten. Die zweite Hälfte der Zwiebel klein schneiden, mit gepresstem Knoblauch in Olivenöl dünsten, Blattspinat dazugeben und mit Salz und Pfeffer würzen. Frischkäse cremig aufrühren.

In einer großen beschichteten Pfanne dünne Pfannkuchen machen (6 Stk.). Den 1. fertigen Pfannkuchen auflegen, mit Spinat dünn bestreichen. Den 2. Pfannkuchen darauflegen, mit Frischkäse dünn bestreichen. Darauf die 3. Palatschinke legen, diese mit Tomatensauce belegen und eng zusammenrollen. Die gerollten Pfannkuchen werden in eine feuerfeste Form gelegt, mit Reibkäse bestreut und kurz überbacken. Vor dem Servieren schneidet man sie in ca. 3 cm breite Scheiben.

TIPP: Sind die Pfannkuchen für 3 Schichten zu klein, dann machen Sie nur zwei Schichten (z.B. Frischkäse und Blattspinat) und die Tomatensauce verwenden Sie ganz einfach als Beilage. Schmeckt genauso gut!

HAUPTSPEISEN MIT FISCH

GEBRATENER SAIBLING MIT BELUGALINSEN UND KARTOFFELN

Zutaten für 2 Portionen:

- 2 Saiblings- oder Forellenfilets
- Salz
- evtl. Pfeffer und Knoblauch
- 3 EL Olivenöl
- 1 Zitrone
- 4–6 Stück speckige Kartoffeln

Für die Belugalinsen:

- 100 g Belugalinsen
- 1 Zwiebel
- 1 Knoblauchzehe
- 1 EL Rapsöl
- Gewürznelken, 1 Lorbeerblatt, Salz, Balsamicoessig, Thymian

Zubereitung:

Kartoffeln mit Schale in ein wenig Wasser weich dünsten. Belugalinsen waschen und in der doppelten Flüssigkeitsmenge mit 1 Lorbeerblatt und 2–3 Gewürznelken ohne Salz ca. 15–20 Minuten lang kochen. Die Linsen sind bis dahin kernig (also nicht zu weich).

In der Zwischenzeit Zwiebel und Knoblauch schälen, klein schneiden und in Öl anschwitzen. Die gekochten Belugalinsen dazugeben, mit Salz, Balsamicoessig und Thymian würzen und ca. 5 Minuten dünsten lassen. Die kernige Konsistenz soll erhalten bleiben.

Kartoffeln schälen. Den Saibling würzen und in der Pfanne mit Olivenöl braten. Evtl. darin auch die Kartoffeln anbraten.

INFO: Saibling ist ein heimischer Süßwasserfisch, der uns wertvolles Eiweiß und gute Fette liefert. Anstelle von Saibling können Sie auch eine Forelle oder einen Wildlachs verwenden.

TIPP: Wenn Sie möchten, können Sie gleich die doppelte Menge Belugalinsen kochen und für einige Tage im Kühlschank aufbewahren. Haben Sie schon einmal einen Salat mit Belugalinsen probiert?

KARTOFFEL-LACHS-LAIBCHEN

Zutaten für 4 Portionen:

- 500 g Kartoffeln
- ½ Zucchini
- 1 Zwiebel
- 2 EL Rapsöl
- 100 g Räucherlachs
- 1 Ei
- 30 g Feinblatt-Haferflocken und/oder 30 g Vollkornmehl
- Semmelbrösel/Paniermehl nach Bedarf
- Salz, Kümmel gemahlen, evtl. Pfeffer
- 2 EL Rapsöl zum Herausbraten

Für den Dip:

- 2–3 EL Sauerrahm/Schmand
- 1 Becher Joghurt
- Salz
- evtl. Schnittlauch oder etwas Pfeffer

Zubereitung:

Kartoffeln dünsten, schälen und etwas auskühlen lassen. Zwiebel schälen und klein schneiden. In Öl anschwitzen. Kartoffeln reiben, durch eine Kartoffelpresse drücken oder mit der Gabel fein zerdrücken. Zucchini reiben. Räucherlachs in feine Streifen schneiden.

Anschließend geriebene Kartoffeln, Zucchini, Lachs, Ei, Haferflocken und Zwiebel in einer Schüssel vermengen, mit Salz (Pfeffer) und Kümmel würzen und etwas ziehen lassen. Mit Semmelbrösel/Paniermehl binden, sodass eine formbare Masse entsteht. In einer beschichteten Pfanne Öl erhitzen. Laibchen formen und goldbraun braten.

Für den Dip Sauerrahm/Schmand und Joghurt verrühren und mit Salz und gehackten Kräutern (Schnittlauch, Basilikum) würzen.

SERVIERTIPP: Dazu passt der Salat der Saison.

HAUPTSPEISEN MIT FLEISCH

PASTA ASCIUTTA

Zutaten für 4 Portionen:

- 350 g Rindfleisch faschiert (gehackt)
- 350 g Wurzelwerk (Karotten, Knollensellerie)
- 1 kleine Zwiebel
- 1 Dose Tomatensauce
- 1 Knoblauchzehe
- 2 EL Rapsöl
- Salz, Pfeffer, 1 TL Paprikapulver, 2 EL Tomatenmark, Basilikum, Rosmarin
- 350 g Spaghetti
- 4 EL Parmesan

Zubereitung:

Zwiebel schälen und fein schneiden. Wurzelwerk schälen und fein schneiden oder mit einer groben Reibe reiben. Die Zwiebel und das Wurzelwerk in Öl bei mittlerer Hitze anrösten.

Das faschierte Fleisch, Salz, Paprikapulver und den gepressten Knoblauch hinzufügen und das Fleisch rösten, bis der Saft eingedünstet ist. Tomatenmark und Tomatensauce hinzufügen, würzen und die Sauce mindestens 40 Minuten lang köcheln lassen.

Die Spaghetti nach Packungsanweisung kochen und abschrecken. Parmesan reiben.

Spaghetti anrichten, Sauce Bolognese darüber geben und mit Parmesan bestreut servieren.

TIPP: Als Beilage grünen Salat servieren.
Sauce Bolognese eignet sich auch sehr gut zum Einfrieren. Kochen Sie gleich die doppelte Menge. So haben Sie im Nu eine fertige Sauce.
Anstelle von Nudeln können Sie auch gerne Kartoffeln und Gemüse verwenden: In Scheiben geschnittene Zucchini und evtl. Champignons mit zerdrücktem Knoblauch in etwas Öl andünsten und mit Salz und ein wenig Pfeffer würzen. Zum Schluss kommen die gekochten, ebenfalls in Scheiben geschnittenen Kartoffeln sowie Bolognese-Sauce dazu.

WRAP MIT HÜHNERFLEISCH

Zutaten für 2 Portionen:

- 200 g Bio-Hühnerbrust
- 2 EL Rapsöl
- 2 Handvoll Vogerlsalat
- Gemüse nach Verträglichkeit: Cocktailtomaten, Gurken oder Radieschen
- 2 EL Skyr
- 1 EL Sauerrahm/Schmand
- 1 EL Joghurt
- 2 große Tortillas
- Salz
- evtl. Pfeffer und Schnittlauch, falls verträglich

Zubereitung:

Vogerlsalat gut waschen und abtropfen lassen. Das andere Gemüse ebenfalls waschen und dünn schneiden. Skyr, Sauerrahm/Schmand und Joghurt verrühren, mit Salz (Pfeffer und Schnittlauch) würzen. Tortillas lt. Packungsanweisung erwärmen.

Öl in einer beschichteten Pfanne erhitzen. Das Fleisch in kleine Würfel schneiden, in der Pfanne anbraten. Die Wraps belegen, einrollen und genießen.

TIPP: Wraps sind sehr schnell zubereitet. Sie können bei der Füllung sehr kreativ sein. Je nach Verträglichkeit können Sie jedes beliebige andere Gemüse nehmen (grüner Spargel, Gurken, Tomaten, Paprika ...).

FASCHIERTER BRATEN

Zutaten für 4 Portionen:

- 400 g gemischtes Faschiertes/Hackfleisch
- ½ Zwiebel
- 1 TL Rapsöl
- 1–2 Karotten
- 1 Grahamweckerl
- 1 Ei
- 1 EL Semmelbrösel/Paniermehl
- Salz, Pfeffer, Majoran, Thymian, Petersilie, Kümmel gemahlen
- etwas Suppe
- Bratfolie

Zubereitung:

Grahamweckerl in Wasser einweichen. Wenn es weich ist, ausdrücken und zerreißen. Zwiebel schälen, fein hacken und in Öl anrösten. Karotten waschen und fein reiben. Sämtliche Zutaten vermischen, abschmecken und einen Braten formen. Braten in eine befettete Form legen, etwas Suppe hinzufügen, in Bratfolie hüllen und ca. 45 Minuten bei 170° C (Heißluft) im Ofen braten.

SERVIERTIPP: Als Beilage passen Kartoffelpüree und ein Rote-Bete-Salat.

SAFTIGE HÜHNERKEULEN MIT OFENGEMÜSE

Zutaten für 4 Portionen:

- 4 Hühnerkeulen
- Salz, Pfeffer
- Gewürzmischung (z. B. Schutzengel® von Sonnentor®)
- 2 EL Rapsöl
- 4–6 speckige Kartoffeln
- 4–6 Karotten
- evtl. weiteres gut verträgliches Gemüse (Zucchini, Lauch/Porree, Champignons …)
- 150 g Parboiled-Reis

Zubereitung:

Backofen auf 180° C (Heißluft) vorheizen. Karotten und Kartoffeln gut waschen. Das Gemüse muss nicht geschält werden. Bei den Kartoffeln eventuelle „Augen" entfernen und sie je nach Größe vierteln bis achteln. Die Karotten in ca. 1,5 cm lange Streifen schneiden. Auflaufform mit Öl am Boden ausstreichen, das Gemüse hineinlegen, etwas salzen und in den Ofen geben.

In der Zwischenzeit die Hühnerkeulen zubereiten. Die Keulen in der Mitte einschneiden und unter der Haut mit der Gewürzmischung, Salz und Pfeffer würzen. Dann kommen sie zum Gemüse in den Ofen. Dort lässt man beides zusammen 70–80 Minuten bei 150° C (Heißluft) braten. Wichtig ist, dass das Fleisch sowie die Kartoffeln und Karotten gut durch sind.

Ca. 20 Minuten vor dem Garende den Reis in einem Topf mit Salzwasser lt. Packungshinweis weichkochen. Besonders gut schmeckt er mit etwas „Schutzengel®"-Gewürz.

Evtl. Zucchini, Lauch/Porree oder Champignons kleinschneiden und in den letzten zehn Minuten zum Ofengemüse dazugeben. Am Teller anrichten.

TIPP: Um Kalorien einzusparen, kann die Haut vom Huhn entfernt werden.

RISIPISI MIT HUHN

Zutaten für 2 Portionen:

- 120 g Parboiled-Reis
- 100 g Erbsen tiefgekühlt
- 250 g Hühnerfilet
- 2 EL Butter
- 1 EL Rapsöl
- Salz, Gemüsebrühe

Zubereitung:

Den Reis in der doppelten Menge Gemüsebrühe 12 Minuten lang dünsten. Dabei immer wieder umrühren. Die Tiefkühl-Erbsen zum Reis geben und weitere 5 Minuten mit dem Reis dünsten. Die Butter darüber zerschmelzen lassen. Das Hühnerfilet in Würfel schneiden, salzen und in Rapsöl anbraten, bis die Fleischstücke gut durch sind. Alles gut durchmischen.

SERVIERTIPP: Als Beilage eignet sich Karottensalat.
Man kann das Risipisi auch mit klein gewürfelten, gedünsteten Karottenstücken oder anderem Gemüse, das man gerne isst und gut verträgt, erweitern.

DESSERTS

ERDBEERKUCHEN VOM BLECH

Zutaten für 6 Portionen (½ Blech):

- 2 Eier
- 100 g weiche Butter
- 1–2 EL Joghurt
- 70 g Staubzucker/Puderzucker
- 1 Pkg. Vanillezucker
- 1 Zitrone
- 70 g glattes Mehl
- 30 g Vollkornmehl
- 1 TL Backpulver
- 1 Prise Salz
- 1 Pkg. Erdbeeren

Zubereitung:

Vorab: Am besten schon 1–2 Stunden im Vorfeld die Butter aus dem Kühlschrank nehmen, damit sie weich wird. Ansonsten die Butter in kleine Stücke schneiden und vorsichtig im Ofen aufwärmen, sodass sie zwar weich wird, aber nicht zerrinnt.

Erdbeeren putzen und waschen. Mehl mit Backpulver in einer Schüssel wiegen. Zitrone reiben – es wird die Schale von ca. ½ Zitrone benötigt. Ofen auf 170° C Heißluft vorheizen.

Eier aufschlagen und dabei Eiklar vom Dotter trennen. Das Eiklar mit einer Prise Salz zu Schnee schlagen. Die weiche Butter mit Staubzucker, Vanillezucker und Zitronenschale sehr schaumig rühren. Den Dotter nach und nach unter den Butterabtrieb rühren. Das Mehl mit dem Backpulver, dem Schnee und dem Joghurt vorsichtig unterrühren.

Auf einem halben, mit Backpapier ausgelegtem Blech verstreichen. Halbierte oder geviertelte Erdbeeren versenken und im vorgeheizten Rohr bei 170° C Heißluft für ca. 30 Minuten backen. Vor dem Servieren mit Staubzucker bestreuen.

BEERENSCHNITTEN MIT SCHNEEHAUBE

Zutaten für 1 Blech (12 Portionen):

- 3 ganze Eier
- 3 Dotter
- 250 g weiche Butter
- 120 g Kristallzucker
- 1 Pkg. Vanillezucker
- 1 Zitrone
- 130 g glattes Mehl
- 130 g Vollkornmehl
- ½ Packung Backpulver
- 1 Prise Salz

Für die Schneemasse:

- 3 Eiklar
- 120 g Kristallzucker
- ca. 200 g Ribisel, Himbeeren oder Heidelbeeren

Zubereitung:

Vorab: Am besten schon 1–2 Stunden im Vorfeld die Butter aus dem Kühlschrank geben, damit sie weich wird. Ansonsten die Butter in kleine Stücke schneiden und vorsichtig im Ofen aufwärmen, sodass sie zwar weich wird, aber nicht zerrinnt. Idealerweise sind auch die Eier schon zimmerwarm.

Mehl mit Backpulver in einer Schüssel wiegen. Ebenso Zucker und Vanillezucker in einer eigenen Schüssel wiegen. Zitrone reiben und auspressen. Backofen auf 180° C (Heißluft) vorheizen. Eier aufschlagen und dabei bei 3 Stück Eiklar vom Dotter trennen. Die weiche Butter sehr schaumig rühren. Die 3 Dotter und die 3 ganzen Eier nach und nach unter den Butterabtrieb rühren, ebenso das Zuckergemisch und die Zitronenschale sowie den Saft. Alles zusammen sehr schaumig rühren. Das Mehl mit dem Backpulver vorsichtig unterrühren.

Auf ein mit Backpapier ausgelegtes Blech verstreichen und ca. 20 Minuten vorbacken. Das Eiklar mit einer Prise Salz und dem Zucker zu einem festen Schnee schlagen. Beeren unterheben, auf den Kuchen streichen und nochmals für ca. 10 Minuten überbacken.

DUNKLER BECHER-GUGELHUPF

Zutaten für 1 Form (ca. 14 Stück):

- 1 Becher Weizen- oder Dinkelmehl
- 1 Becher geriebene Haselnüsse
- 4 EL Kakaopulver
- ½ Pkg. Backpulver
- ¾ Becher Zucker
- 1 Becher Rapsöl
- 1 Becher Joghurt 1 % Fett
- 3 Eier
- 1 TL Staubzucker/Puderzucker

Zubereitung:

Becher vorbereiten. Gugelhupf-Form befetten und Rohr auf 170°C (Heißluft) vorheizen. In einer Schüssel das Mehl, die geriebenen Haselnüsse, Kakaopulver und Backpulver zusammenmengen. Eier, Zucker und Joghurt schaumig rühren, nach und nach das Rapsöl beifügen. Die restlichen Trockenzutaten unterheben und bei 170° C ca. 60 Minuten lang backen. Überkühlen lassen, stürzen und mit Staubzucker zuckern.

TIPP: Verwenden Sie möglichst einen Becher mit 250 ml (z. B. einen leeren Joghurtbecher).

FEINES AM ABEND

COUSCOUS-SALAT

Zutaten für 2 Portionen:

- 1 Tasse Couscous (ca. 200 g)
- 4 Tomaten
- ½ Gurke
- einige getrocknete Tomaten
- 125 g Mozzarella
- 2 EL Zitronensaft oder Balsamicoessig
- 2 EL Oliven
- 2 EL Olivenöl
- ½ TL Salz, Pfeffer, Basilikumblätter oder Petersilie

Zubereitung:

Couscous mit der gleichen Menge kochendem Wasser aufgießen, etwas salzen und ca. 1 Minute lang ziehen lassen. Tomaten und Gurke klein schneiden und hinzufügen. Mozzarella in kleine Würfel schneiden und gemeinsam mit den Oliven und getrockneten Tomaten ebenfalls dazugeben. Zitrone auspressen. Den Salat mit Zitronensaft, Pfeffer, Olivenöl, Basilikum/Petersilie würzen, abschmecken und servieren.

SPARGELSALAT

Zutaten für 4 Portionen:

- 1 Bund grüner Spargel
- 1 Kopf grüner Salat
- 1 Pkg. Schafskäse
- 3–5 Radieschen
- 1 Avocado
- Olivenöl
- Balsamicoessig
- Salz, Schnittlauch

Zubereitung:

Spargel, Salat und Radieschen gut waschen. Spargel in 2 cm kleine Stücke schneiden und das holzige Ende entfernen. Den Spargel in Salzwasser für ca. 5 Minuten bissfest kochen.

In der Zwischenzeit den grünen Salat zupfen und in eine Schüssel geben. Radieschen vierteln oder in Scheiben schneiden und dem Salat beimengen. Schafskäse in kleine Stücke schneiden. Avocado vertikal einschneiden und die beiden Hälften gegeneinander drehen, sodass sie sich vom Kern lösen. Das Fruchtfleisch mit einem Löffel herausheben und in Scheiben/Stücke schneiden. Schnittlauch fein schneiden.

Alle Zutaten vermischen, mit Salz würzen und mit Essig und Öl marinieren.

AVOCADO-BROT

Zutaten für 2 Portionen:

- 2–3 Scheiben Schwarzbrot
- 1 reife Avocado
- Salz, evtl. Pfeffer

Zubereitung:
Das Brot toasten, bis es schön knusprig ist. Die Avocado halbieren, schälen und den Kern entfernen. Das Fruchtfleisch in Scheiben schneiden. Die getoasteten Brote mit der Avocado belegen. Mit der Gabel zerteilen und salzen.

TIPP: Die Brote schmecken am besten, wenn sie noch etwas warm sind. Bei guter Verträglichkeit kann man sie auch pfeffern.

INFO: Die Avocado liefert wertvolle ungesättigte Fettsäuren.

KÄSE-NUDEL-SALAT

Zutaten für 2 Portionen:

- 100 g Vollkornnudeln (z. B. Spiralen)
- 70 g Butterkäse
- 100 g Essiggurken
- 1–2 Orangen
- 1 Handvoll Walnüsse
- 3 EL Joghurt
- Salz, Essig, evtl. etwas Schnittlauch und Pfeffer

Zubereitung:
Die Nudeln in Salzwasser kochen und abschrecken. In der Zwischenzeit den Käse würfeln, die Gurken schneiden und die Orange filetieren. Walnüsse evtl. etwas hacken. Eine Marinade aus Joghurt, Essig, Salz und Kräutern herstellen. Alles vermengen und ziehen lassen.

WASSERMELONENSPIESSE MIT FETA

Zutaten für 4–6 Portionen:

- ½ kleine, möglichst kernlose Wassermelone
- 1 Pkg. Feta
- Saft von 1 Zitrone
- frischer, fein gehackter Thymian
- Zahnstocher

Zubereitung:

Die halbe Melone mit der Schnittfläche nach unten auf ein Brett legen. 2 cm dicke Scheiben schneiden. Das Fruchtfleisch dann zu Würfeln schneiden. Feta auspacken. Mit Zitronensaft beträufeln und mit frischem Thymian bestreuen. Den Käse ebenfalls in Würfel schneiden. Er sollte ungefähr so groß sein wie die Wassermelone. Den Feta auf einen Zahnstocher stecken und darunter die Wassermelone. Auf Tellern servieren.

TIPP: Die Feta-Spießchen sind herrlich erfrischende Häppchen auf einer Sommer-Party oder auch als Vorspeise zum Grillen bestens geeignet.

HUMMUS

Zutaten für 4 Portionen:

- 250 g Kichererbsen (Konserve), abgetropft
- 1 Knoblauchzehe
- 1 Zitrone
- 4 EL Sesampaste (Tahin)
- 2 EL Olivenöl
- Salz, Kreuzkümmel gemahlen
- evtl. einige Tropfen Sesamöl und 1 TL Sesamkörner

Zubereitung:

Knoblauch schälen und fein hacken. Zitrone auspressen. Die Kichererbsen zusammen mit dem Knoblauch, Olivenöl, Zitronensaft und der Sesampaste fein pürieren. Mit Salz und Kreuzkümmel würzen. Vor dem Servieren evtl. mit einigen Tropfen Sesamöl beträufeln und mit Sesamkörnern bestreuen.

FENCHEL-ORANGEN-SALAT

Zutaten für 2 Portionen:

1 Fenchelknolle

1–2 Orangen

10 g Walnüsse

grüner Salat für die Garnitur

Für die Marinade:

1 EL Joghurt

1 EL Sauerrahm/Schmand

1 EL Buttermilch

5 g Rapsöl

Salz, Zitronensaft

Zubereitung:

Fenchel putzen, vierteln und in dünne Streifen schneiden. (Eventuell kann man ihn auch kurz überbrühen und dann abkühlen lassen.) Orangen schälen, filetieren, in Würfel schneiden und mit dem Fenchel vermischen. Die Zutaten für die Marinade vermischen und über das Orangen-Fenchel-Gemisch gießen. Ziehen lassen und vor dem Servieren mit den gehackten Nüssen bestreuen.

SERVIERTIPP: Dazu passt Gebäck.

KLEINES KÜCHENLEXIKON

Faschiertes	Hackfleisch
Grahamweckerl	Mildes Gebäck aus Weizenvollkornmehl und Weizenvollkornschrot, benannt nach dem US-amerikanischen Prediger Sylvester Graham.
Kren	Meerrettich
linden	Mehl, Grieß oder Flocken in einer trockenen Pfanne erhitzen. Dies dient zur Verbesserung des Geschmacks und sorgt für eine bessere Bindefähigkeit.
Maroni	Maronen, Esskastanien
Nockerl, Nocken	Kleine Klöße aus weicher Masse
Palatschinken	Pfannkuchen
Parboiled (Reis)	Geschälter Reis, bei dem durch die spezielle Zubereitungsmethode des Parboilings im Vergleich zu weißem Reis ein Großteil der Vitamine und Mineralstoffe erhalten bleibt.
Polenta	Maisgrieß
Ribisel	Johannisbeeren
Rote Rüben	Rote Bete
Sauerrahm	Schmand
Schlagobers	Sahne
Semmel	(Weißmehl-)Brötchen
Semmelbrösel	Paniermehl
Skyr	Traditionelles isländisches Milchprodukt, inzwischen auch im deutschsprachigen Raum beliebt. Es zeichnet sich durch einen hohen Protein- und gleichzeitig geringen Fettgehalt aus. Geschmacklich erinnert Skyr an eine Mischung aus Topfen/Quark und Joghurt.
Staubzucker	Puderzucker
Topfen	Quark
Vogerlsalat	Feldsalat

ABKÜRZUNGEN

EL	Esslöffel
g	Gramm
l	Liter
ml	Milliliter
Pkg.	Packung, Päckchen
TL	Teelöffel

REZEPTVERZEICHNIS

Phase 1 – die Akutphase

Phase 2 – Übergang zur angepassten Vollkost

Phase 3 – die angepasste Vollkost

Gut versorgt in den Tag starten

Suppen und Suppeneinlagen

Vegetarische Hauptspeisen

Hauptspeisen mit Fisch

Hauptspeisen mit Fleisch

Beilagen

Desserts und Süßes

Feines am Abend

Phase 4 – die Dauerernährung

Gut versorgt in den Tag starten

Suppen und Suppeneinlagen

Vegetarische Hauptspeisen

Hauptspeisen mit Fisch

Hauptspeisen mit Fleisch

Desserts

Feines am Abend

REZEPTÜBERSICHT (ALPHABETISCH)

LITERATURVERZEICHNIS

Einleitung

Aditi A, Graham DY (2012): Vitamin C, gastritis, and gastric disease: a historical review and update. Dig. Dis. Sci.; 57(10): 2504–15.

Banasch M (2017): Therapiestrategien bei akuter und chronischer Gastritis, Ulkuskrankheit und Magenblutung. Kompendium Gastroenterologie; 13: 20–26.

De Vrese et al (2011): Probiotic lactobacilli and bifidobacteria in a fermented milk product with added fruit preparation reduce antibiotic associated diarrhea and Helicobacter pylori activity. The Journal of dairy research, 78(4), 396–403. https://doi.org/10.1017/S002202991100063X.

Deutsche ApothekerZeitung (2005): Neue Erkenntnisse zu Vitamin D und Vitamin B12. DAZ; Nr. 2: 49, 09.01.2005. Online unter https://www.deutsche-apotheker-zeitung.de/daz-az/2005/daz-2-2005/uid-13266, Zugriff am 21.8.2022.

Faller A, Schünke M, Schünke G (2004): Der Körper des Menschen. Einführung in Bau und Funktion. Thieme Verlag.

Fischbach W et al. (2016): S2k-Leitlinie Helicobacter pylori und gastroduodenale Ulkuskrankheit. Z Gastroenterol; 54: 327–363.

Hahn S, Hauenschild A, Schmidt B (2015): Der Verdauungstrakt. Ernährungsumschau; 08/2015.

Högenauer C (2019): Helicobacter pylori – Neue österreichische Leitlinien. Vortrag im Rahmen der Vortragsreihe Giftiger Dienstag am 16.4.2019, Wien.

Keller J (2012): Brauchen wir Magensäure? Dtsch. Med. Wochenschr.; 137: 1818–1821.

Linus Pauling Institute (2017): Vitamin C Flashcard. Online unter https://lpi.oregonstate.edu/sites/lpi.oregonstate.edu/files/vitamin-c-flashcard.pdf, Zugriff am 21.8.2022.

Massironi S, Cavalcoli F, Zilli A, Del Gobbo A, Ciafardini C, Bernasconi S, Felicetta I, Conte D, Peracchi M (2018): Relevance of vitamin D deficiency in patients with chronic autoimmune atrophic gastritis: a prospective study. BMC Gastroenterol; 18(1): 172.

Noschinski DR (2021): Autoimmungastritis. In: Autoimmunerkrankungen. Georg Thieme Verlag: 391–393.

Robert Koch-Institut (2013): Gastritis, Magen- und Zwölffingerdarmgeschwüre. Gesundheitsberichterstattung des Bundes; Heft 55. RKI Berlin.

Rogy M, Pirich E (2017): Ernährung bei Sodbrennen. maudrich.

Wagner S (2018): Neue Empfehlungen in der H.-pylori-Leitlinie. MMW Fortschritte der Medizin 2018; 19: 160.

Zhang ZW, Patchett SE, Perrett D et al. (1998): The relation between gastric vitamin C concentrations, mucosal histology and CagA seropositivity in the human stomach. Gut; 43: 322-326.

Ernährungsempfehlungen bei Gastritis

Deutsche Gesellschaft für Ernährung (2022): Angepasste Vollkost [Broschüre]. Online unter https://www.dge-medienservice.de/media/productattach/f/i/file-1606996252_2_.pdf, Zugriff am 22.8.2022

Höfler E, Sprengart P (2018): Praktische Diätetik. Grundlagen, Ziele und Umsetzung der Ernährungstherapie. Wissenschaftliche Verlagsgesellschaft.

Kasper H (2014): Ernährungsmedizin und Diätetik. Urban und Fischer Verlag.

Österreichische Gesundheitskasse (2022): Mahlzeit! Online unter https://www.gesundheitskasse.at/cdscontent/load?contentid=10008.692033&version=1563187799, Zugriff am 22.8.2022.

Schäfer C (2020): Wie ernähre ich mich bei Magen-Darm-Beschwerden. Verbraucherzentrale NRW.

Wichtige Tipps

Ekmekcioglu C (2004): Die Theorie der Übersäuerung – Ein evidenzbasierter Kurzbericht. Ernährung & Medizin; 19(1): 16–20, DOI: 10.1055/s-2004-822857.

Grünwald J, Jänicke C (2004): Grüne Apotheke. Gräfe & Unzer.

Pizzorno J, Frassetto L, Katzinger J (2010): Diet-induced acidosis: Is it real and clinically relevant? British Journal of Nutrition; 103(8): 1185-1194, doi:10.1017/S0007114509993047.

Schilcher S (2016): Leitfaden Phytotherapie. Elsevier.

Elisabeth Hütterer, Christoph Gasche

Ernährung bei Morbus Crohn

maudrich.gesund essen

Den Darm natürlich heilen
Verdauungsprobleme, Schmerzen – die Diagnose Morbus Crohn führt oft zu Verunsicherung. Doch die gute Nachricht ist: Morbus Crohn ist fast immer durch eine Ernährungsumstellung positiv beeinflussbar, unter bestimmten Umständen sogar heilbar.
Dieses Buch gibt Antworten auf alle wichtigen Fragen bei Morbus Crohn. Dazu bietet es Ernährungsempfehlungen und zahlreiche Tipps, vor allem aber viele abwechslungsreiche Rezepte vom selbstgebackenen Brot über Getränke, Suppen, Hauptgerichte mit und ohne Fleisch bis zum Dessert.

Ihr Plus

- Über 100 vielfältige Rezepte
- Ernährungsempfehlungen und praktische Tipps für den Alltag
- Erste Hilfe bei Verdauungsbeschwerden
- Spannende medizinische Hintergrundinfos
- Mit gratis Einkaufslisten-App

maudrich 2018
152 Seiten
Klappenbroschur
EUR (A) 16,90
EUR (D) 16,40
sFr 21,70 UVP
ISBN 978-3-99002-040-1
eISBN 978-3-99030-679-6

Erhältlich im Buchhandel und auf
facultas.at

maudrich

Ilse Weiß, Christoph Gasche

Ernährung bei Eisenmangel

maudrich.gesund essen

Köstlich essen bei Eisenmangel
Eisenmangel ist die häufigste Mangelerscheinung weltweit. Doch wie kann ich den Bedarf auf natürliche Weise decken, und welche Nahrungsmittel hemmen oder fördern die Eisenverwertung? Dieser Ratgeber liefert nicht nur Informationen und Hinweise für den Alltag, sondern auch eine breite Auswahl an Rezepten für jeden Geschmack.

Ihr Plus

- Über 120 köstliche Rezepte
- Mit Checkliste und Eisenmangel-Test
- Ernährungstipps nach Altersgruppen und speziellem Bedarf
- Spannende medizinische Hintergrundinfos

maudrich 2019
3., aktual. Auflage
144 Seiten
Klappenbroschur
EUR (A) 16,90
EUR (D) 16,40
sFr 21,70 UVP
ISBN 978-3-99002-093-7
eISBN 978-3-99030-833-2

ältlich im Buchhandel und auf
ultas.at

maudrich